HISTÓRIAS NÃO (OU MAL) CONTADAS
• ESCRAVIDÃO, DO ANO 1000 AO SÉCULO XXI •

RODRIGO TRESPACH

HISTÓRIAS NÃO (OU MAL) CONTADAS
• ESCRAVIDÃO, DO ANO 1000 AO SÉCULO XXI •

Rio de Janeiro, 2018

Copyright © 2018 por Rodrigo Trespach
Todos os direitos desta publicação são reservados por Casa dos Livros Editora LTDA.

Diretor editorial	Omar de Souza
Gerente editorial	Renata Sturm
Assistente editorial	Marina Castro
Copidesque	Opus Editorial
Revisão	Expressão Editorial
Projeto gráfico de capa	Rafael Brum
Projeto gráfico de miolo	Rafael Nobre
Diagramação	Katia Regina Silva
Aberturas de capítulo	Rafael Nobre e Cadu França
Ilustrações	Mauricio Planel Rossiello

Os pontos de vista desta obra são de responsabilidade de seus autores, não refletindo necessariamente a posição da HarperCollins Brasil, da HarperCollins Publishers ou de sua equipe editorial.

HarperCollins Brasil é uma marca licenciada à Casa dos Livros Editora LTDA.
Todos os direitos reservados à Casa dos Livros Editora LTDA.
Rua da Quitanda, 86, sala 218 — Centro
Rio de Janeiro, RJ — CEP 20091-005
Tel.: (21) 3175-1030
www.harpercollins.com.br

CIP-BRASIL. CATALOGAÇÃO NA PUBLICAÇÃO
SINDICATO NACIONAL DOS EDITORES DE LIVROS, RJ

T732h
Trespach, Rodrigo
Histórias não (ou mal) contadas : escravidão, do ano 1000 ao século XXI / Rodrigo Trespach. - 1. ed. - Rio de Janeiro : Harper Collins, 2018.
208 p. : il.

Inclui bibliografia
ISBN 9788569514190

1. Escravidão - História. I. Título.
18-48049
CDD: 981
CDU: 94

*Para minha mãe, Miriam,
descendente de escravos e
senhores; como a maioria de nós.*

"*A verdadeira verdade é sempre inverossímil.*"
Fiódor Dostoiévski

"*A história não pode ser explicada de forma determinista
e não pode ser prevista porque é caótica.*"
Yuval Noah Harari

"*A escravidão é uma erva-daninha que cresce em todos os solos.*"
Edmund Burke

SUMÁRIO

Apresentação e agradecimentos 11

1. OURO BRANCO 15
2. A BÍBLIA, O ALCORÃO E A SINAGOGA 33
3. QUANDO SERVOS SÃO ESCRAVOS 49
4. UM NOVO (VELHO) MUNDO 63
5. MERCADORES DE ESCRAVOS 83
6. O GENERAL, A ESTRELA NEGRA E O EUNUCO 101
7. ESCRAVIDÃO SEXUAL 121
8. INFÂNCIA ROUBADA 143
9. GENOCÍDIO E SEGREGAÇÃO 161
10. ESCRAVIDÃO MODERNA 177

Bibliografia de referência 185

Notas 193

APRESENTAÇÃO E AGRADECIMENTOS

Quando o tema é escravidão, duas grandes inverdades são repetidas costumeiramente. A primeira é que a escravidão se restringiu a uma determinada etnia ou povo; a segunda, é que ela tenha acabado. *Histórias não (ou mal) contadas: escravidão, do ano 1000 ao século XXI* tem como objetivo apresentar ao leitor escravos pouco conhecidos e formas de escravidão que ainda existem entre nós.

Até o século XVIII, aproximadamente 1 milhão de europeus brancos foram escravizados por berberes do norte da África. No século XIX, 22 milhões de pessoas viviam na Rússia como servas, boa parte tratada com tanta severidade quanto os 11 milhões de escravos africanos na América ao longo de quatro séculos. Nos Estados Unidos, o casamento inter-racial ainda era proibido em alguns estados na década de 1980. Mesma época em que a Mauritânia aboliu legalmente a escravidão. Nesse mesmo continente africano, até o fim do século XIX, tribos negras não apenas escravizavam rivais como realizavam sacrifícios humanos com os cativos, tal como os astecas e os incas na América pré-colombiana. Já no século XX, quando a escravidão negra tinha sido abolida do Novo Mundo há décadas — embora não o preconceito —, alemães e suíços ainda alugavam os próprios filhos menores de 14 anos em "mercados infantis". Os mesmos alemães, tal como belgas e ingleses, não apenas escravizaram povos africanos como foram responsáveis pela criação de campos de trabalho forçado e por atrocidades inenarráveis.

Muitos homens e mulheres livres se levantaram contra a escravidão, pregaram em favor da liberdade, lutaram pela abolição. Assim como homens e mulheres que viveram escravizados, mesmo depois de livres, escravizaram, comercializaram ou mantiveram cativos e enriqueceram. Às vezes, como afirmou certa vez o escritor russo Fiódor Dostoiévski, a verdade é inverossímil.

O senso comum associa escravidão somente à força de trabalho, à mão de obra servil, ao trabalho no campo ou na indústria. Lamentavelmente, existem muitas outras formas de se explorar outro ser humano, e elas são tão desagradáveis quanto a que conhecemos por "escravidão clássica". Alguns números atuais são estarrecedores. Na África, existem 120 milhões de mulheres que tiveram seus órgãos genitais mutilados aos cinco anos de idade, por imposição de costumes ancestrais. Passa de 11 milhões o número de casamentos ilegais com garotas menores de idade no planeta — a maioria não tem quatorze anos. O tráfico e a exploração sexual feminina envolvem bilhões de dólares anualmente, atingindo centenas de milhares de mulheres em todo o mundo. Meninos são mantidos como parceiros sexuais de soldados no Afeganistão e são parte dos milhões que sofrem abusos, ou das quase 250 mil crianças que são obrigadas a lutar em exércitos irregulares no mundo.

Histórias não (ou mal) contadas: escravidão, do ano 1000 ao século XXI de maneira alguma pretende minimizar os horrores e o sofrimento dos milhões de africanos negros que cruzaram o Atlântico, amarrados e espremidos em porões de navios, para viver o inferno na América. O que o livro se dispõe a fazer é mostrar o lado sombrio da humanidade. Aquele que escraviza semelhantes há quase 10 mil anos e que, ao longo desse tempo todo, não se limitou a submeter o povo negro, mas a todos os povos e etnias ao redor do globo. A escravidão fez (e faz!) parte de um complexo mundo que não a restringiu (e não a restringe!) a uma cor, a um gênero ou a uma religião.

Com o terceiro volume da série, eu preciso registrar meu agradecimento especial a algumas pessoas. Sem elas, teria sido impossível concluir qualquer um dos livros. Devo eterno agradecimento a Kaíke Nanne, meu primeiro editor na HarperCollins. Com ele surgiu a ideia de contar *Histórias não (ou mal) contadas*. Obrigado por apostar no meu trabalho e no projeto.

Sou grato também a Omar de Souza, o editor atual, pelo carinho e atenção com que trata a série.

Devo agradecer muito a Deus por ter colocado no meu caminho uma gerente editorial como Renata Sturm. Sem ela, provavelmente eu não teria chegado até aqui. Sei que despendeu grandes esforços para que eu tivesse tempo, tranquilidade e forças para pesquisar e escrever. Renata tem sido uma grande parceira.

Agradecimentos também a toda a equipe editorial da HarperCollins; seu trabalho foi fundamental para que o resultado de minhas pesquisas pudesse ser apresentado em forma de livro e, assim, chegasse às mãos dos leitores.

Agradeço ainda aos diversos amigos que de alguma forma colaboraram ao longo da pesquisa. Estão todos no meu coração.

Por fim, preciso agradecer o carinho, o apoio e a paciência de minha esposa e filhos.

RODRIGO TRESPACH
Osório, 2 de fevereiro de 2018

1. OURO BRANCO

No mundo antigo, a escravidão era defendida até mesmo por filósofos. E ela não terminou com a queda do Império Romano. Ao contrário do que a maioria dos livros de história afirma, a escravidão permaneceu viva até a Idade Contemporânea. E não apenas na África, na América ou na Ásia. Até o século XIX, um intenso mercado de escravos brancos movimentou as costas do Mediterrâneo e do Oriente Médio, envolvendo cristãos, judeus, muçulmanos, corsários, comerciantes e milhões de pessoas.

Muito provavelmente em algum ponto da história entre a revolução agrícola, por volta de 10 mil a.C., e o surgimento dos primeiros grandes assentamentos humanos no Oriente Médio, dois milênios mais tarde, o homem tenha dado início à prática de escravizar outros seres humanos. A disputa por territórios daria origem à guerra, e a necessidade de trabalho gerada pela agricultura teria movido o homem a se valer da mão de obra de seus prisioneiros. Há aproximadamente 5 mil anos, os egípcios já organizavam expedições de captura de escravos. Para alguns historiadores, como Karl Jacoby, a domesticação de animais teria servido de base para a escravização de seres humanos, incluindo as técnicas de controle: curral, coleira, chibata e castração. Seja como for, menções à corveia — o trabalho compulsório devido ao Estado — aparecem no Egito por volta de 4 mil anos atrás. Os primeiros contratos particulares de compra, venda e aluguel de escravos, no entanto, aparecem somente em 1275 a.C., durante o reinado do faraó Ramsés II.[1]

ESCRAVIDÃO POR NATUREZA
Enquanto isso, no transcorrer do segundo milênio antes de Cristo, o rei babilônico Hamurabi criava um código que ficaria conhecido pela máxima "olho por olho, dente por dente" — a Lei de Talião. Os mais de 280 artigos dividiam a sociedade mesopotâmica entre homens livres e escravos (chamados de *wardum*), sob a justificativa de que o

direito de escravizar fora concedido pelos deuses. A sociedade hebraica dos tempos bíblicos seguiu a mesma lógica: segundo a lei mosaica, camponeses hebreus que não pagassem suas dívidas poderiam ser escravizados pelo período de seis anos (ainda que devessem ser libertados após esse tempo). Assim, o homem estabeleceu que a escravidão não era uma invenção humana; se não equivalia a uma intervenção divina, a escravatura era própria da natureza. Tal ideia seria levantada mais tarde pelo filósofo grego Platão e defendida mais explicitamente por seu discípulo Aristóteles, no século IV a.C. Em seu livro *Política*, um dos maiores pensadores da civilização ocidental defendeu a escravidão como algo natural, conveniente e justo, além de afirmar não haver grande diferença entre dispor de escravos e animais.[2] Um milênio e meio depois, a ideia de legitimidade ainda era bastante arraigada entre os europeus. O teólogo dominicano Tomás de Aquino não via naturalidade na escravidão, mas acreditava na sua utilidade, tanto para o dono — um "homem prudente" — quanto para o escravo.

Dessa forma, a escravidão prosperou e a chamada Antiguidade Clássica se tornou uma sociedade essencialmente escravagista. Só em Atenas, além da população livre de aproximadamente 150 mil cidadãos, havia cerca de 80 mil escravos. No auge do poderoso Império Romano, estima-se que havia na Itália quase 3 milhões de escravos, butins do vasto território conquistado. O general ateniense Nícias teria mais de mil escravos trabalhando em suas minas, e o célebre político e orador romano Marco Túlio Cícero era proprietário de mais de duzentos cativos, distribuídos em duas dezenas de propriedades. Não havia um escravo típico; as condições de trabalho na Antiguidade variavam de cruéis àquelas que beiravam o luxo. Entre os escravos de Cícero havia mensageiros, secretários, escriturários, um operário, um cozinheiro, um criado, dois contadores, alguns bibliotecários e leitores — que liam livros ou documentos em voz alta, para comodidade de seu amo. "Escravos e livres trabalhavam em íntimo contato em muitos contextos" escreveu Mary Beard. "Numa oficina comum, escravos podiam ser amigos e confidentes tanto quanto propriedades humanas. E eram parte da família em Roma", concluiu a historiadora inglesa.[3]

ESLAVOS

Mesmo quando o Império Romano ruiu, no século V, a guerra continuou sendo a principal fonte de escravos. Os invasores germanos também capturavam, mantinham e negociavam escravos, tal como os romanos e os gregos antigos. A maioria dos escravizados provinha de tribos eslavas que viviam a leste dos rios Danúbio e Elba, na Europa Oriental. Não é por menos que o termo que denominava esses povos, *Slav*, daria origem à palavra "escravo" em diversas línguas: *Sklavinoi*, em grego; *Sclaveni*, em latim; e *slave*, em inglês — embora na Grã-Bretanha, no inglês arcaico, os escravos fossem chamados de *Weallas*, já que os galeses (hoje, *Welshman*) foram o principal povo escravizado pelos invasores anglo-saxões. Durante mais de um milênio, os eslavos foram para os mundos cristão e muçulmano o mesmo que os povos negros da África subsaariana seriam para a América a partir do século XVI: um grande reservatório de escravos. Capturados e levados cativos pela Península Italiana ou Balcânica, eram comercializados nos portos do Mediterrâneo, onde os mercadores de língua árabe os chamavam de *Sakaliba* (ou *Saqaliba*), termo emprestado da palavra grega para escravo.[4]

A partir do século VIII, as invasões vikings sacudiram a Europa e deram novo impulso ao comércio de escravos. Vindos da Escandinávia, eles passaram a saquear e ocupar regiões da Europa Ocidental, notadamente na França e nas Ilhas Britânicas, onde criaram colônias e se estabeleceram como comerciantes. No século XI, Dublin, na Irlanda, era o maior mercado de escravos do oeste europeu. Nos séculos seguintes, os vikings alcançaram o Mediterrâneo (principalmente o sul da Itália e o Magreb, na África) e o Oriente Médio, onde atacaram e saquearam Constantinopla, a capital do Império Bizantino. Usando rotas terrestres e fluviais, pelo Báltico e através dos rios Dnieper, Volga e Don, no interior da Ucrânia e Rússia modernas, suas incursões chegaram até mesmo às margens dos mares Negro e Cáspio. Ali, a proximidade com o califado abássida, cuja capital era Bagdá, oportunizou um intenso comércio de peles, utensílios, cereais, armas e venda de escravos (principalmente de escravas, já que os árabes tinham especial interesse por meninas e mulheres louras, que abasteciam os haréns de califas e sultões por todo o mundo islâmico). Na

Europa Ocidental, principalmente na Espanha, os mercadores muçulmanos chamavam os escandinavos de *al-Madjus;* na Rússia, de *Varyag* ou *Rus*, origem tanto do nome do povo quanto do país.

SENHORES MUÇULMANOS

Para o historiador e especialista militar John Keegan, o surgimento do islã "levou a diversidade da escravidão mais longe que os gregos ou os romanos". De fato, os muçulmanos ampliaram a rede de entrepostos comerciais, mas não apenas isso; eles criaram algo totalmente novo: armaram seus escravos. Embora um exército composto de escravos fosse conhecido na Grécia — Atenas fora temporariamente guarnecida por escravos citas —, em nenhum momento eles fizeram parte de uma elite militar, e muitos menos alcançaram cargos de liderança governamental como os oportunizados aos escravos dos diversos Estados muçulmanos.

Além de líder religioso, Maomé era também um líder militar hábil. "Foi o islamismo que inspirou as conquistas árabes, as ideias do islã que fizeram dos árabes um povo militar e o exemplo de seu fundador, Maomé, que os ensinou a se tornarem guerreiros", afirmou John Keegan. Para Bernard Lewis, especialista em história do Oriente Médio, "Maomé conquistou sua terra prometida e, enquanto viveu, obteve vitória e poder nesse mundo, exercendo autoridade não só profética, mas também política".[5] Segundo a visão muçulmana, um mundo inconciliável estava dividido entre o *Dar al-Islam*, a Casa da Submissão, em conformidade com o islã, e o *Dar al-Harb*, a Casa da Infidelidade, que devia ser conquistada por meio da guerra. O livro pelo qual Maomé revelou a vontade de Alá ao mundo, o Alcorão, não condenava a escravidão, mas tinha-a como algo natural — o próprio Maomé mantivera escravos. Mas, conforme as leis islâmicas, era proibido a um fiel muçulmano escravizar outro ser humano com a mesma crença; homens livres só poderiam ser reduzidos à escravidão se fossem infiéis capturados em guerras. Aqueles pertencentes à "Casa da Infidelidade" só poderiam entrar para o islã como protegidos (caso fossem judeus ou cristãos, seguidores de profetas que antecederam ao grande Profeta) ou escravos (se fossem pagãos).[6] A pregação de uma "guerra santa" contra os povos infiéis, a *jihad*, teve resultados práticos imediatos. Em menos de um século após sua morte, em 632, os sucessores de Maomé haviam conquistado um império que ia do Afeganistão à Península Ibérica, ocupando todo o norte da África e Oriente Médio (com exceção da Anatólia, ainda em mãos bizantinas).

No século IX, a captura de crianças estrangeiras pagãs para servirem como soldados no exército muçulmano se tornou tão comum que a prática foi institucionalizada no Egito. O califa Al-Mutasim, considerado o fundador do sistema militar escravista islâmico, tinha 70 mil escravos-soldados sob seu comando. Nos séculos seguintes, os mamelucos (do árabe *mamluk*, que significa "possuído" ou "propriedade de alguém") haviam se transformado em uma casta militar elitizada. Capturados nas estepes eurasiáticas e no Cáucaso — principalmente entre cumanos, circassianos e kipchak que viviam nas margens setentrionais do Mar Negro —, eles eram levados para o Egito ainda meninos, doutrinados no islamismo e recebiam rigoroso treinamento militar, principalmente equitação e tiro com arco. Nas escolas militares do Cairo, viviam sob um rígido código de obediência e disciplina, e aqueles que se destacavam eram enviados para o palácio do sultão e colocados em postos-chaves da hierarquia governamental. O sultão Al-Malik al-Zahir Baybars, célebre por deter o avanço mongol sobre o Levante, era um kipchak capturado ainda menino e feito escravo-soldado; a mesma história viveu Jawhar al--Siquili, o importante líder militar do califado fatímida e fundador da cidade de *al-Kahira*, "a Vitoriosa", mais conhecida como Cairo. Para manter a disciplina e a obediência ao sultão, os filhos dos soldados mamelucos eram proibidos de seguir carreira militar, fazendo com que novas levas de escravos fossem capturadas anualmente.

A partir da dinastia aiúbida, fundada pelo vizir curdo Salah al-Din Ibn Ayyub — o sultão Saladino, famoso por tomar Jerusalém dos cruzados em 1187 —, o Egito passou a contar cada vez mais com os mamelucos, dispensando as tropas de escravos negros que vinham da Núbia e do Sudão e as substituindo pelo exército de escravos brancos do Cáucaso. Após uma série de sucessos militares, em 1250 os mamelucos tomaram o poder e estabeleceram o próprio sultanato. Sob a administração mameluca, o exército muçulmano no Egito foi quase que unicamente composto por escravos brancos. Até mesmo a língua dominante entre os sultões era o turco ou o circassiano; alguns deles mal falavam o árabe.[7]

Após quase três séculos de dominação, em 1517 os mamelucos foram derrotados por outro emergente império muçulmano: o dos otomanos. Desde o século XIV, os sucessores do líder turco Osmã (*Uthman* em árabe, daí a origem do termo "otomanos") vinham expandindo suas conquistas. Primeiro na Anatólia, região da atual Turquia, e mais tarde na Europa, quando cruzaram o Dardanelos e submeteram à vassalagem diversas cidades gregas, búlgaras, macedônias e sérvias. Em 1453, já haviam derrotado os cristãos bizantinos e conquistado Constantinopla — feita capital do império e rebatizada de Istambul. Assim como os mamelucos, os turcos otomanos dependiam de um exército de escravos. Os janízaros, que compunham a elite militar otomana, eram capturados nas fronteiras do império entre crianças cristãs da região dos Bálcãs. A prática era conhecida como *devshirme*, literalmente "colheita". Os meninos eram selecionados pelos oficiais do sultão e levados à capital, para serem educados dentro do islamismo. Recebiam treinamento militar e administrativo adequado, e se tivessem capacidade chegavam a postos graduados tanto na hierarquia militar quanto governamental. Um exemplo notável é o de Ibrahim Pasha, grão-vizir de Suleiman, o Magnífico. Mesmo tendo sido capturado em uma família de pescadores gregos, ele alcançou o mais alto cargo político do império e se casou com a irmã do sultão. Como observou um embaixador veneziano, "é absolutamente notável que a riqueza, a administração, a força, em resumo, todo o corpo político do Império Otomano repouse sobre e seja confiado a homens nascidos na fé cristã, convertidos em escravos e educados como maometanos".[8] Dois séculos mais tarde, a tradição da *devshirme* começou a declinar até ser abandonada. Em substituição, os otomanos optaram — como haviam feito os mamelucos antes deles — pela captura de escravos caucasianos, georgianos, abazas, chechenos e circassianos. (Por serem consideradas bonitas, as mulheres destes últimos eram extremamente apreciadas no islã, motivo pelo qual eram enviadas em grande quantidade para o harém do sultão.) Entre os séculos XVII e XVIII, grande parte dos generais, ministros e governadores do Império Otomano tinha origem caucasiana. Como haviam se transformado em um Estado dentro do Estado, fazendo e desfazendo governantes, em 1826, Mohamed II, o Reformador, obteve consentimento dos líderes religiosos muçulmanos e acabou com sua "guarda pretoriana": aproximadamente 10 mil janízaros foram mortos por tropas do sultão.

Uma escrava circassiana em Istambul, no Império Otomano, em 1900. Entre os séculos XVI e XIX, a capital otomana mantinha uma presença regular de 30 mil escravos, a maioria vinda das estepes do Cáucaso e dos Bálcãs.
Foto de Abdullah Freres/Getty Images

Em 1783, o comércio de escravos entre os otomanos sofreu um duro golpe com a ocupação russa da Crimeia. Na virada do século, quando a Grã-Bretanha deu início a uma campanha mundial contra a escravidão, as atenções dos diplomatas ingleses voltaram-se tanto para o comércio Atlântico (de escravos africanos negros) quanto para Istambul (com seus escravos africanos negros e euroasiáticos brancos). Na década de 1830, a pressão inglesa conseguiu limitar o comércio de escravos georgianos e circassianos entre os otomanos. Ainda assim, em diversas províncias balcânicas o comércio humano não tinha impedimentos. No fim da década de 1850, em Vidin, às margens do Danúbio, o explorador inglês Samuel Baker comprou uma escrava húngara que viria a se tornar sua esposa Florence Sass. A guerra, no entanto, sempre surgia para abastecer o mercado de escravos. Em 1859, o líder circassiano Chamil foi derrotado pelo príncipe Alexandre Bariátinski, general do tsar russo Alexandre II; nessa ocasião, as aldeias circassianas foram arrasadas e a população, levada para o exílio otomano: cerca de 400 mil pessoas foram deportadas ou morreram. Em tempos modernos, os circassianos ainda fornecem guarda-costas aos ditadores al-Assad, na Síria, e aos reis hachemitas, na Jordânia.[9]

Em 1857, os otomanos proibiram a escravidão dos negros no Hedjaz, na Península Arábica (a Arábia Saudita só aboliria a escravidão legalmente em 1962). Uma convenção assinada com a província otomana do Egito, em 1877, marcou o início do esforço mais determinado por parte da Inglaterra de impedir a importação de escravos pelo Império Otomano. Em 1880, um acordo suprimindo o tráfico de escravos foi assinado entre o sultão otomano e o rei inglês, que obteve permissão de busca e apreensão em navios turcos que navegassem por todos os mares, exceto o Mediterrâneo. Com a Conferência de Berlim, em 1885, e a Conferência de Bruxelas, quatro anos depois, o Império Otomano concordou em assinar tratados internacionais que proibiam o tráfico de escravos brancos. Em 1890, o sultão Abdul Hamid II foi signatário do tratado que proibia o tráfico de africanos, mas o império ainda fazia vistas grossas ao comércio de seres humanos.[10] Em 1908, o tráfico de mulheres escravas ainda era bastante comum e, na prática, a escravidão subsistiu no Império Otomano, já parcialmente desintegrado, até seu colapso final, após a Primeira Guerra Mundial, em 1918.

CAÇADORES DE HOMENS BRANCOS

Em 1715, o navio mercante *Francis* deixou o porto de Falmouth, na Inglaterra, em direção a Gênova, na Itália. Seu capitão, John Pellow, era acompanhado pelo sobrinho Thomas Pellow, morador de Penryn, no condado da Cornualha, de apenas 11 anos de idade. Nas proximidades do Cabo Finisterra, no litoral espanhol, o navio foi surpreendido e capturado por dois barcos corsários vindos da costa marroquina. Acorrentados, os mais de cinquenta marinheiros do *Francis* foram levados a Salé, o principal porto do Marrocos, onde o menino Pellow foi feito escravo do sultão Mulai Ismail.[11] Tal fato não era incomum, em absoluto; desde o século XVII, piratas muçulmanos vinham capturando centenas de navios ingleses e europeus no Atlântico e no Canal da Mancha. Ousados, os *Sallee Rovers*, como eram conhecidos, chegaram a içar uma bandeira com a lua crescente, símbolo do islamismo, em Lundy, no Canal de Bristol, e, em uma série de incursões espetaculares, capturaram milhares de homens, mulheres e crianças ao longo da costa inglesa.

Em outubro em 1738, Thomas Pellow conseguiu fugir e retornar à Inglaterra. Mas ninguém o reconheceu, nem seus próprios pais. Depois de mais de duas décadas, ele tinha a pele tostada do sol abrasador do Marrocos e apresentava uma longa barba, como era usual entre os berberes. Dada sua aparência de "mouro", ele teve enormes dificuldades para desembarcar na Espanha e depois em Londres. Alguns anos depois, o ex-escravo publicou um livro de memórias intitulado *As aventuras de Thomas Pellow*. Além dos relatos de violência e atrocidades que eram cometidas pelo sultão Ismail, deixou registrado como se converteu ao islã, como se casou e como comandou o exército alauita em campanhas militares, incluindo uma expedição à África subsaariana.

O sultão marroquino Mulai Ismail (1634-1727), em ilustração de um livro alemão do século XVIII. Ismail mantinha 10 mil escravos brancos como soldados e outros 25 mil como construtores, todos capturados na Europa Ocidental pela ação dos corsários de Salé.
Reprodução

O Marrocos que Pellow conheceu acabara de passar por uma série de turbulências. No início do século XVII, um grande número de conflitos internos havia minado a autoridade do sultanato saadiano, que acabou fragmentado em diversos e pequenos emirados e territórios militares independentes. Um deles, com base em Salé, acabou por se transformar na inusitada e efêmera República do Bu Regregue, criada por piratas, refugiados muçulmanos que haviam sido expulsos da

Espanha em 1610. Localizada em um estuário do Rio Bu Regregue, na costa do Atlântico, Salé fruía de uma posição estratégica importante, pois tinha acesso tanto às rotas comerciais do interior do continente quanto às rotas marítimas para a Europa, o que permitia o ataque a navios europeus e o aprisionamento de suas tripulações para venda no mercado de escravos. As incursões também eram realizadas nas costas da Espanha, de Portugal e da Inglaterra, onde eram capturados homens, mulheres e crianças com a mesma finalidade. Em 1626, a Trinity House, uma guilda marítima, estimou que houvesse cerca de 1.200 prisioneiros ingleses em Salé. No ano seguinte, os xebecs em que navegavam esses corsários haviam chegado à Islândia, no Atlântico Norte, onde foram feitos 242 escravos.

Em 1668, o xeque Mulai Rashid reunificou o Marrocos em torno de Fez, mas sua morte acidental quatro anos mais tarde pôs seu irmão de apenas 26 anos de idade no poder: Mulai Ismail instalou a dinastia alauita, reinante até os dias de hoje. "Um homem de extraordinária ambição e crueldade absoluta", como definiu o historiador Martin Maredith, Ismail criou um gigantesco exército composto de 150 mil escravos negros. Capturados no Sahel ainda crianças, os escravos de Ismail eram levados acorrentados à capital, onde recebiam oito anos de formação militar rigorosa. Aos dezoito anos, os meninos eram convocados para regimentos *abid*, recebiam uma escrava por esposa e eram incentivados a criar a próxima geração de escravos-soldados. Dos *abid* saía a guarda pessoal do sultão, a chamada "Guarda Negra", de lealdade feroz ao soberano.

Completavam o exército de escravos-soldados de Ismail aproximadamente 10 mil cristãos brancos, capturados na Europa Ocidental pelos corsários de Salé.[12] A ação dos *Sallee Rovers* era estimulada pelo sultão, que obviamente tinha participação nos lucros dos leilões. Mulheres europeias atraentes eram recolhidas ao harém e os homens mais fortes enviados para cultivar fazendas, trabalhar em construções ou mesmo para o acasalamento com escravas negras. Ismail acreditava que os mulatos eram trabalhadores mais rentáveis — ele mesmo era filho de uma escrava negra com um príncipe berbere. Certa vez, um prisioneiro francês foi trancafiado nu em uma cela, com uma garrafa de conhaque e quatro mulheres negras. Vigiado por um eunuco durante seis dias, sempre que havia intercurso sexual a atividade era anunciada ao toque de um tambor. As excentricidades sexuais do sultão eram conhecidas, principalmente por seu numeroso harém e quinhentas esposas — segundo Pellow, o harém nunca tinha menos de 4 mil mulheres, de todos os povos e nacionalidades.[13] Entre suas favoritas estava Zidana, uma escrava que Ismail comprara de seu irmão por sessenta ducados. Segundo um observador, era "muito negra e de tamanho e estatura enorme", tinha "poder tão absoluto sobre o sultão que ele agia conforme seus desejos". Outra das esposas estimadas pelo sultão era uma mulher inglesa que havia sido capturada aos quinze anos de idade.[14] Para alguns historiadores, Mulai Ismail teria tido um total de 867 filhos (888, segundo a tradição local; ou somente oito filhos e vinte filhas, segundo Ahmad al-Ziani, um historiador contemporâneo). Vivendo na mesma época do rei Luís XIV da França, Ismail tinha grande admiração pela corte parisiense e chegou a pedir a mão de Marie Anne, filha bastarda do rei francês. "O rei da França é o único monarca que sabe reinar como eu. O rei da Inglaterra é um escravo do Parlamento", teria afirmado.

Durante seu reinado, Mulai Ismail mudou a capital de Fez para Meknés, onde construiu seu palácio imperial, um gigantesco complexo projetado para superar Versalhes, mostra clara de sua megalomania. Aproximadamente 25 mil escravos europeus trabalharam na construção, composta de palácios, torres, arcos, mesquitas, jardins e pomares. Os imensos portões de entrada eram protegidos pela Guarda Negra, o quartel abrigava 10 mil soldados e as oficinas de fundição mantinham escravos europeus na fabricação de armamento para o exército — três décadas depois de sua morte, um terremoto reduziu o palácio a escombros. Não ao acaso Ismail foi chamado de "Luís XIV marroquino".

GUERRA NO MEDITERRÂNEO

Enquanto isso, no Mediterrâneo o Império Otomano digladiava-se com Áustria, Itália, Espanha e França pelo domínio do mar e dos portos. Em 1544, os otomanos fizeram 7 mil prisioneiros no Golfo de Nápoles e, uma década mais tarde, outras 6 mil pessoas residentes em Vieste, na Apúlia, na costa do Adriático. Os europeus capturados eram levados para as cidades portuárias de Argel, Túnis e Trípoli, arrastados pelas ruas, humilhados e surrados antes de serem levados às masmorras subterrâneas, onde permaneciam amontoados, em meio às precárias condições de higiene, até que fossem a leilão no mercado de escravos.

O número de europeus desembarcados como escravos no litoral norte-africano aumentou consideravelmente no século seguinte. Entre 1580 e 1680, em Argel (que mantinha, em média, 75 navios corsários) viviam aproximadamente 27 mil escravos brancos — número que dobrava ocasionalmente. Juntas, Túnis e Trípoli reuniam quase 10 mil escravos cristãos europeus. Na tentativa de libertá-los e destruir o empório muçulmano, o sacro imperador Carlos V chegou a liderar expedições contra Argel. Em 1541, uma esquadra com 65 galés, 450 navios de vários tamanhos e 12 mil marinheiros e remadores foi responsável pelo transporte de uma força conjunta de 24 mil soldados espanhóis, italianos e alemães. A cidade for cercada e bombardeada, mas a frota imperial Habsburg decidiu levantar o cerco depois de perder 12 mil homens na contenda.[15]

Mesmo quando havia acordos comerciais envolvidos, como o realizado em 1553 entre Suleiman, o Magnífico e o comerciante Anthony Jenkinson, que autorizava o inglês a viajar pelo Mediterrâneo, o ataque de corsários a navios mercantes era frequente e o risco de ser aprisionado, elevado. Uma tática muita usada consistia em abordar os navios com embarcações ocidentais aprisionadas, bandeiras ou uniformes de tripulações europeias. Nas duas primeiras décadas do século XVII foram sequestrados e conduzidos para a costa argelina cerca de mil navios mercantes provenientes da Inglaterra, da França, dos Países Baixos e da Espanha. Em 1631, corsários argelinos atacaram uma aldeia de pescadores em Baltimore, na Irlanda, e levaram mais de cem pessoas cativas, entre elas, mulheres e crianças. Entre 1677 e 1680, outros 160 navios britânicos foram capturados; mais de 7 mil pessoas apreendidas. Nem os estadunidenses escapavam. Em 1793, John Foss foi capturado com a tripulação do brigue *Polly* e levado para Argélia, onde havia cerca de 130 escravos norte-americanos — que seriam libertados depois de dois anos de negociações.[16]

Para escapar da escravidão, das torturas e dos maus-tratos, muitos prisioneiros se aliavam a seus captores. Samson Rowlie, filho de um comerciante de Bristol, foi aprisionado por corsários e depois de castrado converteu-se ao islã sob o nome de Hasan Aga. O "eunuco inglês", como Rowlie ficou conhecido, chegou ao posto de tesoureiro do governador da província de Argel. John Ward, outro pirata inglês estabelecido em Túnis, declarou: "Se encontrasse meu próprio pai no mar, iria roubá-lo e depois vendê-lo". Os compradores de escravos europeus davam especial atenção a comerciantes ricos e clérigos cristãos que pudessem valer uma fortuna em resgate. Um exemplo disso aconteceu em 1575 com o espanhol Miguel de Cervantes, mais tarde célebre por escrever *Dom Quixote de La Mancha*. Aprisionado com o irmão enquanto regressavam de Nápoles para a Espanha na galera *Sol*, os Cervantes foram levados como escravos para Argel. Como portavam cartas de recomendação do duque de Sessa, o pirata grego Ali Mami entendeu que fossem pessoas de *status* elevado e pediu à família 500 escudos de ouro, uma quantia impagável. Assim, Cervantes foi vendido ao governador otomano Ramadan Pascha. Depois de várias tentativas infrutíferas de fuga, ele deixou Argel em outubro de 1580 com seu resgate pago pelo monge Juan Gil. As negociações eram sempre problemáticas. Em 1646, Edmund Casson tentou levantar fundos para a libertação de britânicos mantidos escravos na África. Ele listou 650 nomes de homens, mulheres e crianças escravas em Argel, e outros cem nomes de escravos presos nas galés da frota otomana estacionada em Creta, mas o pedido foi alto: entre 25 e 30 libras para os homens e entre 55 e 70 libras para as mulheres — salvo por Elisabeth Alwin, de Londres, por quem os argelinos pediram 80 libras. O resultado foi lamentável para os esforços de Casson: apenas 242 britânicos voltaram para casa.[17]

Se os prisioneiros fossem homens sem valor de resgate, eram destinados a trabalhos pesados, geralmente em construções ou, em último caso, condenados às galés, embarcações onde remavam acorrentados e tinham pouquíssimas chances de sobreviver. Se tivessem sorte, poderiam ser usados como empregados domésticos ou artistas a serviço de famílias ricas. As prisioneiras eram reservadas ao harém do sultão, para servir de escravas sexuais de algum alto funcionário do governo ou ser usadas como serviçais em palácios. Alguns poucos escravos europeus conseguiam se sair muito bem. O veneziano Giacomo di Colombin, por exemplo, capturado no mar em 1602, era protegido dos maus-tratos por seus conhecimentos de engenharia e arquitetura. A despeito de ser escravo, residia em uma casa luxuosa. Depois de três décadas servindo aos mercadores muçulmanos, ele conseguiu fugir de Túnis com um grupo de prisioneiros usando um navio que ele mesmo projetara.

Em 1815, enquanto o Congresso de Viena se desenrolava na capital austríaca, o almirante Sidney Smith, presidente da *Society of Knights Liberators of White Slaves in Africa* (Sociedade dos Cavaleiros Libertadores de Escravos Brancos na África), intensificou a campanha por uma intervenção militar no principal mercado de escravos brancos do Mediterrâneo ocidental. Em 27 de agosto de 1816, uma esquadra composta por dezoito navios de guerra britânicos, comandada por Edward Pellew, visconde de Exmouth e descendente de Thomas Pellow, ancorou na baía de Argel. A cidade foi bombardeada e a frota de corsários ancorada no porto foi incendiada. Argel foi obrigada a encerrar os mais de três séculos do tráfico de europeus brancos e cristãos, ainda que continuasse a comercializar escravos negros. Em 1824, a Inglaterra fez nova investida e em 1830 a região caiu em poder dos franceses, que só deixariam a Argélia na década de 1960.

Uma esquadra britânica bombardeia Argel, no norte da África, em 1816. A cidade era o principal porto de piratas e corsários do Mediterrâneo, responsável pala captura de milhares de europeus brancos desde o século XVI. Pintura de George Chambers, Royal Naval College, Greenwich.

Getty Images

Embora os números sejam controversos, a maioria dos historiadores estima que entre 1530 e 1780 cerca de 1 milhão de prisioneiros europeus tenham sido reduzidos à escravidão somente no Magreb (nos portos do Marrocos, da Argélia e da Tunísia). Com base na estimativa de que aproximadamente 8.500 pessoas eram escravizadas anualmente por causa dos ataques de corsários, e desconsiderando o número de mortes, alforrias ou conversões ao islã — o que concedia liberdade ao escravo —, o historiador estadunidense Robert Davis eleva o número para 1,25 milhão.[18] O total, no entanto, pode ser muito maior, já que algumas bases corsárias continuaram atuando durante o século XIX. Além do mais, os mercados de escravos do Oriente Médio não entram nessa contagem, e muitos deles permaneceram ativos legalmente até o início do século XX. Para se ter uma ideia do que eles representariam, somente em Istambul, entre os séculos XVI e XIX, havia uma presença regular de 30 mil escravos, mais de três vezes o número presente na costa norte-africana.

SENHORES CRISTÃOS
Mas o comércio de escravos brancos no Mediterrâneo não era exclusividade dos mercadores muçulmanos, tampouco atingia apenas europeus. Os judeus também eram grandes traficantes de presas humanas; em verdade, até o século XVI eles eram quase imbatíveis. E os cristãos não ficavam para trás — obviamente a Igreja proibia a venda de cristãos a judeus e muçulmanos, mas não fazia objeções quanto a seus fiéis manterem cativos. Na Península Italiana, a utilização de escravos ocorria em maior número nos núcleos urbanos. Segundo o recenseamento de Gênova, mais de 2 mil escravos viviam na cidade em 1458, a maioria mulheres usadas como empregadas domésticas (mais de 97%). O preço recompensava: pelo valor pago por uma escrava, uma família economizava seis anos de serviços de uma criada livre. Em Veneza e Florença, as escravas também eram numerosas e geralmente utilizadas como criadas (babás, amas de leite ou qualquer outra função doméstica). Em um estudo sobe a vida privada na Toscana renascentista, Charles de La Roncière encontrou 340 escravas compradas e registradas em Florença entre 1366 e 1397, das quais 40% eram jovens de pouco mais de vinte anos de idade

trazidas do Cáucaso ou da Ásia pela Rota da Seda. "Totalmente desamparadas", relatou o historiador, "todos na casa a repreendem, todos batem nela (patrão, mãe, filhos crescidos), e os testemunhos de processos em que elas compareçam mostram-nas vivendo frequentemente no temor das pancadas".[19]

As mulheres escravas eram, em geral, ligadas às mulheres abastadas. Um costume difundido em cidades como Friuli e Ragusa impunha às mulheres ricas ter como acompanhante uma criada-escrava, a fim de demonstrarem *status* elevado, algo semelhante ao que ocorrerá no Brasil dos séculos XVIII e XIX, com escravas africanas negras. Esse hábito não era menos raro em Gênova ou Veneza, que na primeira década do século XV contava com 10 mil escravos de todas as nacionalidades, notadamente gregos, bósnios, circassianos, tártaros e berberes, entre outros. O atrativo do exótico, a presença de mulheres jovens de origem norte-africana ou asiática dentro de casa gerou um grande número de filhos bastardos. Em meados do século XV, entre um quarto e um terço das crianças confiadas aos abrigos florentinos eram filhas de escravas.

A escravidão na Itália dos séculos XVII a XIX era usual tanto entre os cristãos como em comunidades judaicas. Em Livorno, no grão-ducado da Toscana, o comércio de escravos (assim como das demais mercadorias resultantes de saques marítimos realizados pelas galeras da Ordem de Santo Estêvão, armadas pelo grão-ducado) transformou-se em negócio altamente lucrativo para o mercado local. Em 1616, em uma população de aproximadamente 37 mil habitantes, havia 3 mil escravos. Em Nápoles, na mesma época, eram cerca de 20 mil escravos em uma população estimada de 270 mil pessoas. No fim do século XVIII, a minúscula ilha de Malta, a meio caminho entre Trípoli e Palermo, tinha nada menos que 2 mil escravos não cristãos, a maioria muçulmanos.

As famílias abastadas tinham escravos para o trabalho doméstico ou para alugá-los a outras famílias. Judeus ricos adquiriam escravos para consumo próprio e para revender; não era incomum que resgatassem escravos cristãos aprisionados no norte da África para negociá-los com as próprias famílias ou com governos interessados em sua libertação.[20] No mercado de escravos em Livorno, a maior parte dos cativos era muçulmana, mas também havia lá judeus de todas as origens e idades. Usados como operários na construção de edifícios da cidade, estes trabalhavam principalmente aos sábados para que seus gemidos de dor fossem ouvidos por outros judeus, que, compadecidos, os resgatavam. Em 1632, um navio holandês alugado por judeus para o transporte de trigo foi aprisionado por corsários argelinos e tanto o capitão quanto a tripulação foram escravizados. Foi preciso que as famílias judaicas se organizassem e levantassem dinheiro para a alforria. A frequência com que ocorriam os ataques a navios no Mediterrâneo fez que a comunidade judaica criasse um banco e uma companhia para resgate de escravos, instituições financiadas por taxas extras sobre as mercadorias que entravam ou saíam da cidade.

O processo de libertação de escravos muçulmanos mediante pagamento envolvendo Estados cristãos e o islã (como o que envolveu os Cavaleiros Hospitalários de São João de Malta e o sultão do Marrocos Muhammad III) teve início em 1782, mas três décadas mais tarde a escravização ainda era algo corrente. Em 1812, um viajante observou mais de oitenta "escravos turcos" aprisionados na Sardenha, "sem camisas ou roupas adequadas, muitos sem calças, pálidos e famintos".

2. A BÍBLIA, O ALCORÃO E A SINAGOGA

A Igreja Católica deu apoio à escravidão e muitos clérigos mantinham cativos. Os pastores protestantes que chegaram ao Brasil durante o século XIX também não tiveram o menor pudor em manter escravos negros. O mesmo fizeram os membros da primeira comunidade judaica da América, em Pernambuco — os maiores mercadores de escravos no Brasil holandês, no século XVII. A comunidade muçulmana no Brasil não era, em sua maioria, composta por senhores, mas por escravos capturados entre os povos de tradição islâmica na costa ocidental da África.

No século XIII, consolidou-se um consenso moral entre os cristãos segundo o qual a escravização seria uma guerra justa contra os infiéis — ideia defendida pelos principais pensadores da Igreja, como Agostinho e Tomás de Aquino. Preocupada com a grande quantidade de cristãos que estavam escravizando seus irmãos de fé, a Igreja Católica já havia impedido a venda de escravos cristãos para judeus (desde o Concílio de Toledo, em 656) e para pagãos (Concílio de Estinnes, em 743). Por determinação do Concílio de Valladolid, em 1322, decretou-se a excomunhão de cristãos que comercializassem outros cristãos aos sarracenos, que ocupavam a Península Ibérica e mantinham tráfico de escravos no Mediterrâneo — um comércio tão intenso que, para combatê-lo, no começo do século XIII, havia sido criada a Irmandade de Nossa Senhora das Mercês da Redenção dos Cativos, com a finalidade de resgatar cristãos de mãos muçulmanas.

Os muçulmanos permitiam que judeus e cristãos residissem em regiões conquistadas, fosse no Oriente Médio, na África ou na Europa, desde que pagassem as taxas exigidas. Os cristãos eram menos permissivos, e durante o século XIV, com o início da expulsão dos muçulmanos da Península Ibérica, intensificaram-se leis que obrigavam tanto muçulmanos como judeus a identificar sua religião por meio de um sinal afixado em suas roupas. Não era uma ideia original, já que no século IX um califa de Bagdá havia institucionalizado a "mancha amarela" para distinguir os não muçulmanos, ideia que foi mais tarde utilizada pelo papa Inocêncio III, em 1215, ao criar uma lei que obrigava os judeus a se identificarem por meio de um símbolo. Entre os séculos XV e XVI, vários decretos impuseram a muçulmanos o uso de uma meia-lua vermelha nos ombros.[21] Por fim, as "leis de limpeza de sangue", de 1449, interditavam o acesso a cargos públicos para todos aqueles que tivessem ancestrais judeus ou muçulmanos em até três gerações. Todas essas leis serviriam de referência para os processos da Inquisição instaurados na Espanha, a partir de 1478, e em Portugal, desde 1536; e seriam reinventadas pelo nazismo no século XX.

A SINAGOGA

Quando os reis de Castela e Aragão conseguiram expulsar da Península Ibérica os últimos sarracenos entrincheirados em Granada, em 1492, eles enxotaram também os quase 150 mil judeus que viviam na Espanha. Em Portugal, a exclusão dos judeus da sociedade também se acelerava e foi dolorosa. Desde o fim do século XIV, os judeus portugueses eram obrigados a usar como símbolo "sinais vermelhos de seis pernas". Em 1493, quando Álvaro de Caminha foi feito donatário de São Tomé, uma pequena ilha no Golfo da Guiné, na costa ocidental africana, para lá foram levadas cerca de 2 mil crianças judias de menos de oito anos de idade, retiradas de seus familiares e batizadas como cristãs. O objetivo era retirá-las "dos pais e de suas doutrinas e de quem lhes pudesse falar na lei de Moisés". Por fim, em 1496, um decreto de d. Manoel I expulsou todos os judeus de Portugal e deu prazo de dez meses para que deixassem o reino. Preocupado em perder a enorme quantidade de capital investido no país pelos banqueiros e mercadores judeus, o rei anunciou que permitiria a permanência dos que se convertessem ao cristianismo. Na Páscoa do ano seguinte, d. Manuel tentou impor o batismo cristão à força: jovens foram arrastados à pia batismal, assim como crianças menores foram arrancadas dos braços dos pais, batizadas e entregues à adoção por famílias cristãs. Tendo o acesso restringido aos portos, cerca de 20 mil judeus se aglomeraram em Lisboa em uma tentativa desesperada de fuga. Ali, com seus bens expropriados, muitos foram convencidos ou forçados à conversão. Os que não aceitaram o batismo, mas permaneceram no país — passando a ser considerados escravos do rei a partir daquele momento conforme previa a lei —, propuseram um acordo: aceitariam a conversão desde que seus filhos fossem restituídos e tivessem a garantia de que o rei não faria inquérito sobre suas práticas religiosas pelo prazo de vinte anos. Em maio de 1497, d. Manuel consentiu. Assim, os judeus que optaram por permanecer em Portugal e aceitaram o batismo passaram a ser chamados de "cristãos-novos" ou "marranos". Segundo o historiador Meyer Kayserling, eles viviam "com o credo cristão nos lábios e o amor ao judaísmo no coração". Nasceria, assim, o criptojudaísmo, a prática clandestina da religião judaica, motivo de perseguições da Inquisição tanto em Portugal quanto no Brasil.[22] Só em 1506, um *pogrom* em Lisboa assassinou 2 mil cristãos-novos.

Os judeus que conseguiram fugir de Portugal juntaram-se aos hebreus espanhóis no Império Otomano ou em cidades portuárias italianas — no fim do século XVI, só em Veneza residiam 2.500 deles. A partir de 1516, os judeus foram obrigados a morar em uma área predeterminada, local de uma antiga fundição de ouro (um *ghetto*), e a permanecer confinados à noite e em feriados cristãos; além disso, foram obrigados a usar um círculo amarelo nas costas ou então um chapéu amarelo ou vermelho. Mesmo com as restrições impostas, os judeus prosperaram. Em muitas cidades italianas, assim com haviam feito em Portugal e na Espanha, eles se tornaram os principais comerciantes ou financiadores de viagens de exploração em busca de novos mercados. (Como visto no capítulo anterior, os comerciantes judeus lideravam o comércio escravo no Mediterrâneo.)

No começo do século XVI, o eixo comercial havia se deslocado para o Atlântico, muito porque os judeus conversos que haviam permanecido em Portugal estavam à frente dos empreendimentos marítimos. A primeira concessão de exploração de terras no Brasil foi dada em 1502 a um grupo de cristãos-novos italianos liderados por Fernão de Noronha ("Fernando dalla Rogna"), que tinha experiência no comércio mediterrâneo. O mesmo ocorreu com as plantações e os engenhos de cana-de-açúcar em Pernambuco, em que muitos dos investidores eram judeus: dos cinco estabelecimentos existentes no Brasil em 1550, pelo menos um era propriedade do judeu Diogo Fernandes. (Segundo alguns historiadores, Fernandes e a esposa, Branca Dias, teriam mantido sinagogas ocultas em Olinda e no engenho de Camaragibe.)

Mas foi no século XVII que a atuação de judeus no Brasil mais se evidenciou. Entre os 166 engenhos de açúcar em Pernambuco durante a ocupação holandesa, 6% pertenciam a judeus — Duarte Saraiva e Pedro Lopes de Vera tinham quatro engenhos cada um, Fernão do Vale e Moisés Navarro eram donos de um cada. Era um número pequeno, é verdade. Por outro lado, como observou o historiador judeu Arnold Wiznitzer, eles representaram "um papel muito mais importante como financiadores da indústria açucareira, corretores e exportadores, bem como fornecedores de escravos negros a crédito". Nada menos do que 63% dos negócios de arrecadação de impostos estavam nas mãos de judeus durante a administração holandesa do Nordeste. Dos mais de 23 mil escravos africanos entrados no Brasil entre 1636 e 1645, a maioria foi adquirida em leilões por comerciantes judeus. Segundo Wiznitzer, como o dinheiro estava nas mãos de judeus, eles não tinham concorrentes, compravam escravos a preço baixo e revendiam a crédito (para ser pago na safra seguinte de açúcar) com altas taxas de juros e 300% de lucro. Tal era o poder desses negociantes que, se a data do leilão caísse em um dia santo judaico, o leilão era adiado.[23]

Em geral, os escravos preferiam senhores judeus a holandeses (protestantes calvinistas) e portugueses (católicos), já que os primeiros concediam dois dias de descanso por semana (sábado e domingo). Os lusos concediam apenas o domingo como dia de repouso; os batavos, nem isso. O antropólogo estadunidense Sidney Mintz observou em seu livro *O poder amargo do açúcar* que, de certa forma, essa era uma regra geral usada nos canaviais da América. Na Jamaica, em função dos feriados religiosos, os escravos dos judeus eram dispensados do trabalho por 111 dias, enquanto os dos cristãos tinham apenas 86 dias de folga por ano.[24]

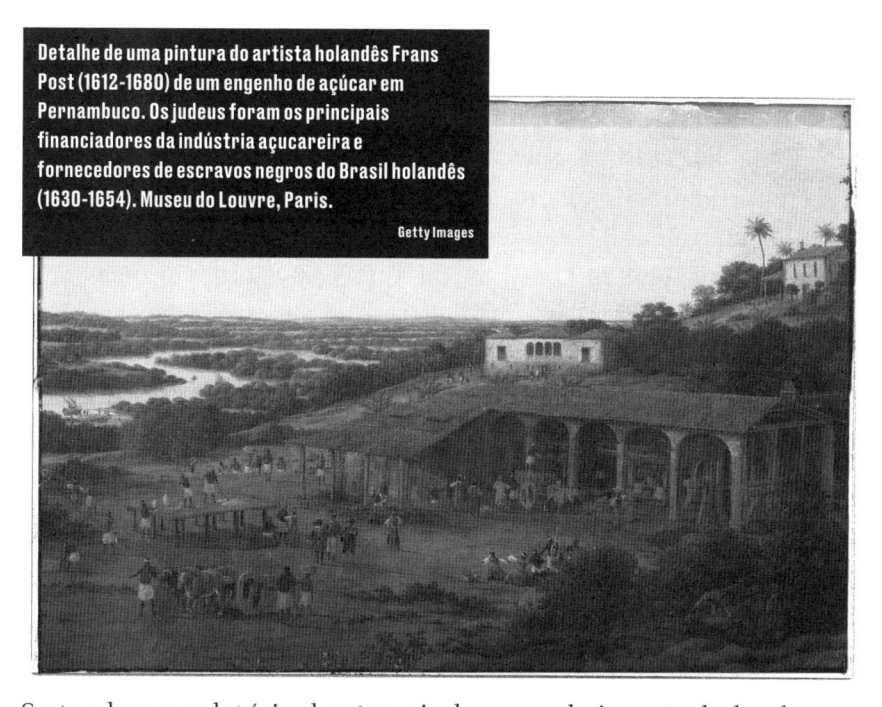

Detalhe de uma pintura do artista holandês Frans Post (1612-1680) de um engenho de açúcar em Pernambuco. Os judeus foram os principais financiadores da indústria açucareira e fornecedores de escravos negros do Brasil holandês (1630-1654). Museu do Louvre, Paris.

Getty Images

Segundo um relatório de 1611, ainda antes da invasão holandesa ao Brasil pela Companhia das Índias Ocidentais (a WIC, na sigla em holandês), Diogo Dias Querido, judeu e um dos fundadores da primeira congregação e sinagoga em Amsterdã, era proprietário de dez navios grandes e outros menores em que praticava o tráfico negreiro em larga escala na costa ocidental da África, usando escravos negros que, além de aprenderem as línguas portuguesa e holandesa para que pudessem servir de intérpretes nas negociações, eram instruídos na lei mosaica e convertidos ao judaísmo. Quando a armada holandesa — composta de 56 navios e cerca de 7 mil soldados — aportou em Recife em 1630, o guia que liderou a invasão foi o comerciante judeu Antônio Dias Paparrobalos, ex-morador que conhecia muito bem a região. Entre os mercenários da expedição invasora havia alemães, noruegueses, escoceses e também judeus, como Moisés Navarro, que, depois de encerrado o tempo de contrato como soldado, permaneceu no Brasil como comerciante, dono de engenho e coletor de impostos.

A liberdade religiosa concedida pelo governador holandês no Brasil, o conde alemão Maurício de Nassau, permitiu que muitos judeus professos e cristãos-novos voltassem a praticar a fé judaica abertamente. Entre eles estavam Manoel Rodrigues Monsanto e a esposa. Monsanto era proprietário de uma escrava negra da Guiné de nome Beatriz, que havia se convertido ao judaísmo e tinha duas filhas mulatas, uma delas também casada com um judeu mulato.

A comunidade judaica no Brasil cresceu consideravelmente. O censo governamental holandês de 1645 apontou uma população total de pouco mais de 12 mil pessoas, das quais 2.899 eram brancas, sendo aproximadamente 1.450 judias. A título de comparação, a congregação de Amsterdã teria, dez anos mais tarde, 1.800 membros. Com a chegada do rabino Isaac Aboab da Fonseca, enviado pela sociedade holandesa, foi fundada a primeira sinagoga na América, a *Kahal Kadosh Zur Israel*, situada na então Rua dos Judeus, que os holandeses denominaram "Rua Bockestraet" — e que depois seria rebatizada de rua da Cruz e de rua Bom Jesus. Além de Isaac, o primeiro rabino do Novo Mundo, líder espiritual em Recife entre 1642 e 1654, o livro de atas da comunidade, de 1648, registra ainda os nomes dos 177 membros adultos, entre eles o de líderes como Davi Sênior Coronel, Abraham de Mercado, Jacob Mocata e Isaac Castanho.[25] A sinagoga seria destruída no início do século XX.

Quando os portugueses conseguiram retomar Pernambuco em janeiro de 1654, após quase uma década de lutas, os judeus receberam o prazo de três meses para deixar o Brasil. Em abril, cerca de 150 famílias judias partiram para os Países Baixos e para a Inglaterra; parte delas retornaria à América para fundar assentamentos no Caribe. Um pequeno grupo foi interceptado no percurso e levado para a Jamaica, de onde 23 pessoas conseguiram seguir viagem para a cidade de Nova Amsterdã, onde chegaram em setembro daquele ano junto com um grupo de calvinistas. Os refugiados brasileiros foram responsáveis pela fundação da primeira comunidade judaica naquela que seria, duas décadas mais tarde, a cidade de Nova York, rebatizada pelos ingleses após a expulsão dos holandeses.

Sem liberdade de culto, os judeus ou cristãos-novos brasileiros foram perseguidos pela Inquisição portuguesa. (Um fato curioso é que a Igreja considerava "prova" de apostasia, além da recusa em consumir carne de porco e do baixo comparecimento à igreja, o uso frequente de banho.) Dezoito deles foram executados em treze autos de fé realizados em Lisboa até o ano de 1748. Mas houve sentenças mais brandas. Em 1713, dos 78 réus, havia 41 mulheres, entre elas a escrava forra Mariana, de "cor preta", com quarenta anos de idade e natural de Angola. Havia ainda a mulata Mariana de Andrade, filha de um marrano com sua escrava negra Catarina. Consideradas judaizantes (não israelitas, mas convertidas ao judaísmo), ambas foram condenadas ao "cárcere perpétuo". Apenas em 1773, com as reformas do marquês de Pombal, a distinção entre cristãos-velhos e cristãos-novos passou a ser proibida em Portugal. A Inquisição também passou a depender de ordem real para fazer cumprir suas sentenças. Somente após 1822, muito lentamente, judeus professos começaram a migrar para o Brasil novamente.

OS FILHOS DE ALÁ NO BRASIL

O primeiro grande grupo de escravos africanos de fé muçulmana chegou à Bahia no início do XIX. Embora muitos *malinkes* de origem islâmica tivessem chegado antes ao Brasil, foi com os haussás e os iorubás (nagôs) que os escravos maometanos passaram a ser notados em maior número em Salvador. Dois episódios na África contribuíram significativamente para tanto. Um deles foi a *jihad* que daria origem ao califado de Sokoto, iniciada pelo xeque Usaman dan Fodio contra o rei Yunfa, de Gobir. O outro foi uma rebelião liderada por um comandante de exército de nome Afonjá contra o rei iorubá de Oyó, que tinha como tradição a religião dos orixás. Os conflitos armados produziram milhares de escravos que viriam a alimentar os mercados negreiros no Golfo da Guiné, na região da Nigéria atual.[26]

Em 1835 havia tantos muçulmanos na Bahia que eles foram capazes de articular uma das maiores rebeliões escravas do país, o "Levante dos Malês" — os muçulmanos iorubás eram chamados de *imale*, de cuja expressão teria surgido o termo "malê" usado no Brasil. Na festa do Bonfim daquele ano, que coincidiu com o Ramadã, o mês sagrado para os islamitas, entre quatrocentos e seiscentos malês saíram às ruas de Salvador dispostos a derrubar o poder branco e cristão. Foram derrotados em poucas horas, e o resultado foi fatal para as pretensões de uma futura comunidade muçulmana no Brasil. Além das mais de setenta mortes em combate e centenas de prisões, o islamismo passou a ser não só malvisto como também algo perigoso. "Uma atmosfera de histeria, racismo, perseguição e violência contra os africanos envolveu a Bahia", escreveu o historiador João José Reis. A reprimenda foi dura; mesmo os africanos livres foram expulsos, e até conseguirem deixar o país precisaram pagar um imposto especial (equivalente a quinze quilos de carne seca, 24 quilos de feijão e cinco litros de farinha de mandioca). Os próprios deportados precisaram pagar suas passagens. Os proprietários de escravos, por sua vez, foram obrigados a batizar e instruir seus cativos nos "mistérios da religião cristã" sob pena de terem que pagar 50 mil réis de multa caso não o fizessem.[27]

Três décadas depois do levante ainda havia suspeição. Abd al--Rahman al-Baghdadi observou que os "os muçulmanos renegaram sua religião por temer retaliações", precisando "esconder sua religião".[28] Al-Baghdadi nasceu em Bagdá, no Iraque, e estudou árabe e persa, literatura, jurisprudência e teologia em Damasco, na Síria. Durante o reinado do sultão Abdulaziz, Al-Baghdadi, atuou como imã (pregador ou guia espiritual muçulmano) na marinha do Império Otomano. Abdulaziz foi o primeiro sultão otomano a cruzar as fronteiras de seu império sem finalidade bélica. Além de viajar pela Europa, patrocinou museus, exposições e viagens de exploração científica. Em setembro de 1865, Al-Baghdadi deixou Istambul a bordo da corveta *Bursa* com a missão de chegar a Basra, no Iraque, seguindo o longo caminho que incluía cruzar o Mediterrâneo, realizar um périplo pela África e fazer o último trecho via Golfo Pérsico — o canal de Suez, que encurtaria a viagem em milhares de quilômetros, só foi concluído em 1869. Tempestades e um furacão obrigaram a embarcação de Al-Baghdadi a parar no Rio de Janeiro em junho de 1866. Por motivos semelhantes, a *Bursa* já havia permanecido seis meses em Argel e Cádiz. Ao desembarcar na então capital brasileira, Al-Baghdadi, identificado pelas vestes, foi abordado por escravos negros que o receberam com a tradicional saudação islâmica *As-Salaam Alaikum* ("Que a paz esteja com você") — muitas vezes aportuguesada como "Salamaleico". Com permissão do capitão do navio, por duas semanas o imã manteve contato com a população carioca, ensinando os fundamentos da religião islâmica. "Todo dia, quando o sol começa a se pôr, a maioria deles comparece a uma reunião geral de reflexão acerca dos fundamentos do islã", escreveu ele em um manuscrito com observações sobre o Brasil intitulado "Deleite do estrangeiro em tudo o que é espantoso e maravilhoso". Escrito em árabe, o documento ganhou tradução em diversas línguas, mas uma versão integral em português só apareceu em 2007, em trabalho do professor da Universidade de São Paulo (USP) Daniel Farah.

Al-Baghdadi notou que muitos negros usavam "cofres" ou pequenas caixinhas com "fragmentos do Alcorão" atados ao pescoço, que, para ele, mais serviam de amuletos do que como forma de manter ou ensinar sua fé. Informado de que "todos os muçulmanos nestas terras submergem seus filhos na pia batismal" e enterram seus mortos sem lhes lavar o corpo e sem voltá-los para Meca, Al-Baghdadi resolveu abandonar temporariamente a viagem que fazia sob ordens do sultão e permanecer no Brasil. (Ainda que, para isso, tenha enfrentado forte resistência do comandante de seu navio, preocupado com possíveis problemas diplomáticos.) O imã creditou os desvios da lei islâmica a um judeu que servia de tradutor do árabe para o português e intencionalmente repassava os preceitos da forma incorreta. Por conhecer a língua, o intérprete era tido como árabe pelos negros muçulmanos brasileiros, que chegaram inclusive a pagar por seus "ensinamentos".

Na década de 1860, os muçulmanos não formavam uma comunidade pequena, tampouco sem mobilização. Os malês informaram a Al-Baghdadi que no Brasil eles chegavam a 5 mil. Segundo o próprio imã, ele reunia cerca de quinhentos fiéis durante seus sermões, e a população muçulmana teria subido para 19 mil durante sua permanência no país.[29] O número parece exagerado, mas uma fonte contemporânea demonstra o tamanho da presença do islã no Brasil: em 1869, em relatório ao Quai d'Orsay, o Ministério das Relações Exteriores da França, o conde de Gobineau observou que cem exemplares do Alcorão eram vendidos anualmente no Rio de Janeiro pelos livreiros franceses Fauchon e Dupont. Ainda que a venda de livros a escravos fosse proibida, todos as obras eram comercializadas a escravos ou ex-escravos, e por um preço não módico de até cinquenta francos franceses, motivo pelo qual alguns compravam o livro à prestação, levando até um ano para pagá-lo.[30]

A presença de um imã no Rio de Janeiro mobilizou a comunidade islâmica na Bahia, e de lá uma delegação foi enviada à capital a fim de que Al-Baghdadi também atuasse no Nordeste. Dessa forma, o pregador bagdali passou seu primeiro Ramadã no Brasil no Rio de Janeiro, o segundo em Salvador e o terceiro, em janeiro de 1869, no Recife. Após três anos no país, da capital pernambucana Al-Baghdadi iniciou a viagem de retorno a Istambul. Chegou a Lisboa e de lá foi a Gibraltar por via terrestre, passando por Argel e Alexandria, e daí a Meca, onde cumpriu a peregrinação à cidade sagrada, uma das obrigações de todo muçulmano. Da Arábia se dirigiu a Damasco e, finalmente, a Istambul, onde escreveu os relatos da viagem ao Brasil.

Outra história de líder muçulmano entre os escravos africanos no Brasil do século XIX que merece destaque é a do alufá Rufino — muito bem explorada em um livro homônimo, escrito pelos historiadores João José Reis, Flávio Gomes e Marcus Carvalho. "A história não é somente feita do que é norma, e esta pode amiúde ser mais bem assimilada em combinação e em contraste com o que é pouco comum", observaram os autores.[31] "Abuncare" (provavelmente Abdul Karim), o nome africano de Rufino, alegava ter nascido no início do século XIX no reino de Oyó, provavelmente em sua capital Oyó Ilê. Trazido como escravo para o Brasil, Abuncare foi comprado em um mercado de Salvador e, rebatizado, passou a trabalhar como cozinheiro na casa de João Gomes da Silva, boticário conhecido por fabricar remédios para a Santa Casa de Misericórdia. Em 1830 (ou 1831), Rufino acompanhou o filho militar de Gomes da Silva em viagem para o sul do país. No Rio Grande do Sul, ele foi vendido a um comerciante que faliu e fugiu para o Uruguai, e, em seguida, foi comprado em leilão público por José Maria Peçanha, magistrado, político e então chefe de polícia da província. Pouco tempo depois do início da Revolução Farroupilha, em 1835, Rufino conseguiu comprar sua alforria por 600 mil réis — quando passou a assinar "Rufino José Maria", os prenomes do antigo dono. A propósito, a palavra alforria tem origem do árabe *al-hurruâ*, "liberdade do cativeiro".

Livre, Rufino seguiu para Rio Grande, onde o governo legalista havia se instaurado. Ali ele esteve envolvido com a comunidade islâmica local até 1838, quando uma ação policial encerrou as atividades religiosas muçulmanas. Do Rio Grande do Sul, Rufino seguiu para o Rio de Janeiro, "extraordinária Babel africana" nas palavras de João José Reis, onde se alistou como "trabalhador do tráfico" transatlântico de escravos, participando de várias expedições negreiras entre a costa africana e o Brasil a bordo dos navios *União* e *Ermelinda*. Além de trabalhar como cozinheiro (vendia doces nos portos africanos), há indícios de que tenha atuado como pequeno traficante de escravos, negociante e intermediário de transações escravistas. Em 1841, o *Ermelinda* foi capturado pela Marinha britânica e levado a Freetown, em Serra Leoa — a mais importante base de operações navais inglesa contra o tráfico negreiro. A tripulação e os proprietários foram julgados e inocentados, embora a embarcação fosse de fato um navio negreiro. Rufino regressaria a Serra Leoa em 1843, onde aprimorou o árabe e frequentou uma escola corânica por um ano e sete meses. De volta ao Recife, estabeleceu-se como alufá (sacerdote muçulmano) na Rua da Senzala Velha nº 78. Em setembro de 1853, Rufino foi preso pela polícia pernambucana em meio a rumores de que estivesse envolvido em uma conspiração escrava, como a ocorrida em Salvador em 1835. Os papéis que ele portava, com inscrições em árabe, também haviam sido encontrados na revolta baiana.

PROTESTANTES: SENHORES DE ESCRAVOS

Desde que Portugal dera início à expansão ultramarina, a administração lusitana se valeu de diversas bulas papais para atacar e submeter pagãos e muçulmanos da África, tomando seus bens e reduzindo-os à escravidão. No Brasil colonial, até mesmo os padres jesuítas dispunham de barcos para o comércio escravo, ganhando 5% em comissões sobre a venda dos negros.[32] Ainda que houvesse críticos da exploração dos indígenas americanos ou dos próprios africanos, foi somente em 1839 que a Igreja Católica passou a reprovar a escravização dos índios e o tráfico negreiro de forma mais veemente, condenando abertamente a escravidão quando a Abolição já era um fato consumado.

O escravismo não apenas era permitido, como os próprios padres católicos brasileiros mantinham grande quantidade de escravos. Era o caso de Carlos Correia de Toledo e Melo, vigário da vila de São José del-Rei e membro da Conjuração Mineira (1789), dono de 31 escravos; ou do padre José Ribeiro Dias, também vigário em Minas Gerais, senhor de 27 cativos.[33] O clérigo Francisco Pereira de Assunção não só vivia com três escravas como as prostituía, "expostas a todos os homens que as procuram para tratos ilícitos". A Real Feitoria do Linho Cânhamo, estabelecida primeiro em Pelotas (1783) e depois em São Leopoldo (1787), no Rio Grande do Sul, responsável pela fabricação de cordas, cabos e tecidos para a Marinha portuguesa, além da mão de obra escrava, foi fundada pelo padre Francisco Xavier Prates e durante muito tempo administrada por clérigos — um deles, Antônio Gonçalves da Cruz, foi assassinado pelos negros. (Leia mais sobre a atuação da Igreja e a história da escravidão no Brasil em *Histórias não (ou mal) contadas: revoltas, golpes e revoluções no Brasil*.)

Mas manter escravos não era uma exclusividade de clérigos católicos. Nos Estados Unidos, o primeiro batismo de escravos entre os protestantes ocorreu em 1713, em Nova York. E o pastor luterano Wilhelm Christopher Berkenmeyer, proeminente dono de escravos, fez questão de criar um regimento interno na igreja para confirmar que o batismo não significaria alforria. O nova-iorquino John Bachman, pastor na prestigiosa Igreja de St. John, em Charleston, na Carolina do Sul, e também presidente do sínodo luterano, vinha de uma abastada família escravista. Ao longo do século XIX, Bachman batizou 1.835 escravos, realizou oitocentas confirmações (como os protestantes chamam a Primeira Comunhão católica) e trezentos casamentos entre escravos. No Brasil, os religiosos protestantes também se valeram da prática de dar atendimento espiritual e manter escravos. O pastor luterano Carl Leopold Voges, chegado a Porto Alegre no início de 1825 e estabelecido em Três Forquilhas, no litoral gaúcho, a partir de 1826, era dono de um considerável número de escravos: pelo menos doze. O também pastor Friedrich Christian Klingelhöffer só deixou o Rio de Janeiro em abril de 1826 depois de comprar quatro escravos que o serviriam em São Leopoldo e Campo Bom.[34]

A escravidão era praticada inclusive por quem, teoricamente, combatia o tráfico negreiro. Mesmo a Inglaterra estando em uma cruzada contra a escravidão, comerciantes ingleses praticavam livremente o tráfico escravo no Brasil. O reverendo Boys, capelão inglês na ilha de Santa Helena, território britânico no meio do Oceano Atlântico, de passagem pelo Rio de Janeiro em 1819, notou que a maioria dos cerca de 1.500 negociantes ingleses na cidade possuía escravos: "Não devem existir menos de 2 mil escravos, propriedade de negociantes ingleses (eu os estimaria em 3 mil ou 4 mil)".[35] Na Bahia a situação não era diferente. Durante o Levante do Malês, vários dos escravos muçulmanos revoltosos pertenciam a comerciantes ingleses. Dos 172 presos e processados pela atuação no movimento, 47 eram escravos de europeus, moradores do canto do Largo da Vitória, em Salvador.[36]

Também entre os imigrantes se fez comum a presença de escravos negros, desde quando começaram a se estabelecer no Brasil as primeiras colônias com europeus protestantes — principalmente os de língua alemã, luteranos e calvinistas. Recém-chegado, o colono não tinha qualquer restrição aos costumes vigentes, tornando-se proprietário de escravos tão logo suas condições socioeconômicas permitiam. Ao morrer em 1868, o filho do suíço Martin Flach, proprietário da fazenda Nova Helvécia, criada com a colônia Leopoldina em 1817, no sul da Bahia, deixava entre seus diversos bens 151 escravos. O coronel Fremantle, adido de Charles Stuart, chefe da delegação britânica no Rio de Janeiro, relatou, após uma visita à serra fluminense, que os suíços chegados a Nova Friburgo em 1819, assim que podiam, também compravam escravos. Em 1851, um censo apontou que a colônia possuía 404 escravos pertencentes a colonos suíços e alemães.[37] Na mesma época, Georg Heinrich von Langsdorff, o barão de origem alemã que era cônsul da Rússia no Brasil e produtor de farinha e café na fazenda Mandioca, era proprietário de sessenta escravos. Curiosamente, Langsdorff viria a ser um dos primeiros a escrever sobre a utilidade da mão de obra livre e do processo imigratório de colonos alemães para o Brasil.[38]

Escravos negros na colônia alemã de São Leopoldo, no Rio Grande do Sul. Mesmo que proibidos aos colonos, o município tinha mais de 1.500 escravos em 1869.

Acervo MHVSL – Museu Histórico Visconde de São Leopoldo

Sem constrangimento algum, alheias à lei provincial que proibia "sob qualquer pretexto" o uso de escravos por colonos no Rio Grande do Sul, as famílias de imigrantes alemães Allgayer, Blauth, Grassmann, Hammel, Jacoby, König, Mittmann e Schmidt, entre muitas outras, tornaram-se proprietárias de escravos africanos e os mantiveram cativos por gerações. Na vila de São Leopoldo, segundo o censo de 1848, duas décadas e meia após a fundação da colônia (o primeiro assentamento com alemães em território gaúcho), havia 649 alemães e 45 escravos negros. Entre os maiores proprietários estavam Nicolau Stumpf, com sete escravos, Carlos Panitz, com cinco, e João Frederico Rieth e Júlio Knorr, com quatro escravos cada um. Em 1869, a Câmara de Vereadores informou ao governo da província que o município contava com mais de 21 mil habitantes, dos quais 1.532 eram escravos. Em um levantamento feito pelos historiadores Paulo Moreira e Miquéias Mugge, pelo menos 1.558 escravos foram anotados em inventários de famílias alemãs entre 1834 e 1888, e nada menos do que 743 filhos de escravos foram batizados e registrados por padres nos livros paroquiais da Igreja Nossa Senhora da Conceição, em São Leopoldo, entre 1847 e 1872.[39] O número de cativos era tão alto e as punições tão severas quanto em qualquer outro lugar escravista do Brasil. O código de postura de São Leopoldo continha, por exemplo, uma cláusula que proibia os senhores de castigar seus escravos após as 20 horas no inverno e as 21 horas no verão, para que o barulho dos açoites não incomodasse a vizinhança.

бесчеловечное рабство

3. QUANDO SERVOS SÃO ESCRAVOS

Característica típica do feudalismo medieval europeu, a servidão se manteve em muitos lugares do mundo e de diversas formas até o século XIX, da América à Ásia. Na maioria dos casos, ela pouco diferia da esc\ravidão. Mesmo em países da Europa, como Alemanha e Rússia, os servos eram vendidos, trocados e alugados como mercadorias, passavam por torturas e espancamentos. Quando a abolição foi decretada no império dos Románov, na segunda metade do século XIX, havia mais de 20 milhões de russos vivendo como servos.

Embora fosse a provedora mais frequente, a guerra não era a única fonte de escravos. Na Inglaterra do primeiro milênio da Era Cristã, quando a prisão não era uma possibilidade prática, delitos como roubo simples e incesto eram punidos com a escravidão. No caso do crime sexual, o homem tornava-se escravo do rei, e a mulher, cativa do bispo. A fome e a incapacidade de sustentar a família também submetiam pessoas à escravidão. Para os historiadores Robert Lacey e Danny Danziger, no ano 1000 "o homem faminto não tinha outro recurso senão ajoelhar-se diante de seu senhor ou senhora, entregando a cabeça às suas mãos".[40] Não havia contrato legal; o camponês recebia uma faca ou um instrumento agrícola como símbolo do acordo firmado. Basicamente, trocava trabalho por comida e segurança. O que explica a origem de *lord*, "senhor". Em inglês antigo, o termo significava "aquele que dá o pão".

Essa relação é definida por historiadores como um contrato típico do feudalismo europeu, cuja hierarquia definia os vínculos entre "senhores" e "servos". Não obstante o processo tenha se iniciado séculos antes, com a invasão do Império Romano por bárbaros germanos, no século XI já não existiam mais homens ou terras livres: todos haviam se tornado servos de um senhor que, por sua vez, também era vassalo de um suserano mais poderoso — todos com rígidos laços de dependência, lealdade e pagamento de tributos. Mas, de fato, o que diferia escravidão de servidão? Na verdade, pouca coisa. O senso comum, e até mesmo historiadores, definem diferenças entre as duas formas atribuindo ao trabalho escravo a falta de consentimento do explorado, a privação de liberdade e o *status* de propriedade; já o servo estaria em uma relação de submissão por vontade própria ou necessidade, com base em um acordo preestabelecido. Essa ideia não pode ser mais ilusória. Mesmo na Roma Antiga não havia uma clara distinção entre as duas condições; ainda que o termo *libertus* ("liberto") fosse o padrão para um ex-escravo, em muitas ocasiões a palavra *servus* ("servo, escravo") era utilizada para ambos. "'Escravo' é a única maneira de descrever essa servidão", observaram Lacey e Danziger sobre o trabalhador inglês do início do primeiro milênio. Essa linha tênue se manteve durante a Idade Média e, em muitos lugares, até mesmo depois da queda do feudalismo. O historiador brasileiro Ronaldo Vainfas escreveu que "escravidão e servidão eram expressões intercambiáveis em muitos contextos".[41] Também entre os vikings, ainda pagãos, os escravos tinham certas liberdades, assim como os livres estavam subordinados a um protetor. "Eles eram parcialmente livres", definiu o estudioso da cultura nórdica Gwyn Jones.[42] A liberdade como entendida hoje praticamente não existia em nenhum lugar do mundo até pelo menos meados do século XIX; e como veremos depois, em boa parte do mundo moderno essa *liberdade* continua inexistente.

SERVOS NA ALEMANHA

A Reforma Protestante, iniciada por Lutero em 1517, modificou não apenas as estruturas religiosas da Europa. Ela também deu início a uma série de conflitos que tinham propósitos políticos e econômicos, e que foram liderados por grupos oprimidos que ansiavam por transformações sociais. Uma dessas desordens ficou conhecida como "Guerra dos Camponeses", um grande levante de servos liderados pelo pastor saxão Thomas Münzer contra os senhores feudais alemães. À revelia de Lutero, Münzer e seus seguidores baseavam-se no texto bíblico para afirmar que os camponeses nasciam livres e por isso não poderiam viver sob a condição de escravos. Além da abolição da servidão, entre suas reivindicações estavam a diminuição dos impostos sobre as terras e a liberdade para caçar nas florestas pertencentes à nobreza. Nessa época, tudo que estivesse em uma propriedade, incluindo os galhos secos das árvores, era considerado parte dos bens de um senhor e só ele poderia conceder, ou não, seu uso aos servos. Assim, em invernos rigorosos, o servo dependia da boa vontade do senhor para acender a própria fogueira.

Expulso da nascente comunidade luterana e misturando questões teológicas com assuntos de Estado, Münzer conseguiu movimentar uma imensa massa de camponeses esperançosos em se livrar da servidão. Em 1524, ele havia perambulado por quase toda a Alemanha e posto em cheque a autoridade dos Estados alemães centrais. Os camponeses, no entanto, não foram páreos para os exércitos combinados de Hessen e da Saxônia, que os combateram em Frankenhausen, em maio de 1525. A força camponesa, composta de maltrapilhos pouco alimentados e mal armados, foi eliminada. No período de um ano, estima-se que 100 mil pessoas tenham sido mortas.[43] Münzer foi preso e decapitado; sua cabeça foi dependurada no portão de entrada da cidade e a servidão persistiu na Alemanha. A servidão e um sistema de categorias sociais que muito bem poderia ser comparado aos sistemas de castas da Índia ou do Japão do xogunato Tokugawa — o regime feudal japonês entre os séculos XVII e XIX. A cada classe eram reservadas determinadas ocupações: os senhores possuíam terras, eram burocratas e chefes militares; os comerciantes mantinham o monopólio do comércio e não podiam ter terras; os artesãos estavam associados à atividade assalariada urbana; e os camponeses encontravam-se presos à área rural.

No fim da Idade Média, na Europa Ocidental, países como França, Inglaterra e Países Baixos tinham diminuído significativamente a servidão, de modo geral. Algumas práticas servis remanescentes foram abolidas no fim do século XVIII, com a Revolução Francesa. O camponês, no entanto, continuou a pagar: seu novo senhor agora se chamava Estado e seus tributos converteram-se em impostos. Na Europa Central e Oriental, a situação era outra. Nos Estados alemães a oeste do Rio Elba, a servidão se assemelhava à da França: pesada carga tributária, pouco pagamento em troca da mão de obra e alguma liberdade de movimento. A leste, no entanto, reinava a chamada "servidão da gleba", que desde o medievo vinculava o camponês ao solo e incluía não apenas os trabalhadores rurais como também prisioneiros de guerra. Eles não tinham direito a bens e propriedades, nem liberdade para o casamento ou qualquer autonomia de ação. Para isso, necessitavam de autorização do senhor para o qual trabalhavam.[44]

A servidão ampliou-se sensivelmente com a conquista pela Prússia de territórios a leste do Rio Elba. Mais uma vez, os eslavos estavam sendo reduzidos à escravidão. Mas não foram os únicos. Com o surgimento dos latifúndios, os camponeses alemães assentados em terras eslavas também passaram a ser servos, embora com mais "direitos": não poderiam ser vendidos separadamente das propriedades em que estavam estabelecidos, tinham liberdade para possuir bens e permissão para recorrer a tribunais. No território prussiano original, no entanto, os servos podiam ser vendidos sem a terra e estavam proibidos de comparecer diante de tribunais para processar seus senhores. No século XVII, o campesinato foi amplamente reduzido à servidão por "pura e simples coação", afirmou o historiador John Keegan. "Embora seus organizadores pudessem negá-lo, podemos reconhecer nisso um sistema de escravidão militar", complementou.[45] A Prússia era um Estado altamente militarizado, uma "Esparta moderna", que mesmo tendo um pequeno exército batia frequentemente forças muito superiores — tudo devido à organização e à disciplina que caracterizariam o exército alemão nos séculos XIX e XX. O exército prussiano, notadamente uma criação de Frederico II, o Grande, era reflexo de sua sociedade: nobres senhores latifundiários, chamados de *Junker*, eram comandantes militares, enquanto o grosso das tropas era composto por soldados recrutados entre as famílias de camponeses pobres. Em ambos os casos, havia renúncia à individualidade e a liberdade de ação estava subordinada a um senhor maior, o rei.

Mas o "velho Fritz" também era sensível às ideias iluministas. A partir da década de 1770, por meio dele a Prússia passou a reformar a estrutura vigente, permitindo que o servo pudesse pagar por sua liberdade — o "resgate" (uma espécie de alforria) — ou requerê-la caso provasse que era tratado com brutalidade (o que não deixava de ser um problema; os servos geralmente eram maltratados, mas poucas vezes conseguiam provar algo contra seu senhor). As reformas na Alemanha foram aceleradas com a Revolução Francesa e o período napoleônico. Pelo menos nos principais Estados. Em 1807, o primeiro-ministro prussiano, o barão Heinrich Friedrich Karl von Stein, publicou o Édito de Outubro, que anunciava o fim da servidão na Prússia para o dia 11 de novembro de 1810. Os alemães esclarecidos achavam a servidão repugnante, e sua extinção foi saudada como um golpe nos alicerces da ordem social aristocrática e absolutista. "Stein alimentava a ideia romântica de que os brutos camponeses escravizados se tornariam orgulhosos pequenos proprietários rurais que formariam a espinha dorsal de uma nação revigorada", observou Martin Kitchen, especialista em história alemã.[46] Uma década mais tarde, dos mais de trinta Estados alemães, além da Prússia, somente três reconheciam o *Freizügigkeit*, o direito de ir e vir: Baden, Württemberg e Hessen.

A abolição da servidão, no entanto, não impediu que os camponeses continuassem a ser "comercializados". Os acordos indenizatórios feitos durante o Congresso de Viena, em 1815, envolveram dezenas de milhares de súditos dos mais variados Estados europeus. Obrigada a pagar por 69 mil "almas" a territórios ao longo do Rio Reno, a Prússia os ressarciu parte em dinheiro e parte cedendo territórios (inclusive quem vivia neles). Essa era uma prática antiga e muito usada ao longo dos séculos XVIII e XIX. Na década de 1780, o principado eleitoral de Hessen-Kassel havia vendido 30 mil agricultores como "soldados mercenários" aos ingleses, para engrossar as tropas do rei Jorge II na luta contra a independência dos Estados Unidos. Napoleão usou e abusou de mercenários, que nada mais eram do que camponeses enviados de todos os cantos da Europa para servir no exército francês, demonstrar apoio ao imperador e não ter seus territórios invadidos e arruinados. O exército do grande general era composto por alemães, gregos, tártaros, croatas e até por negros africanos.[47]

O grão-ducado de Mecklenburg foi um dos Estados alemães que tardou a abolir a servidão. Ali reinava a servidão da gleba hereditária, e os senhores das terras controlavam a economia e suas propriedades com autoridade absoluta, sem interferência do Estado. Pertencentes aos latifundiários, que podiam comprá-los ou vendê-los com ou sem a propriedade e pagando impostos aumentados regularmente, a maioria dos servos vivia na miséria. Em 1800, não menos do que 12 mil camponeses tiveram seus bens penhorados pela nobreza para o pagamento de dívidas. Em 1820, quando a servidão foi finalmente abolida em Mecklenburg, os camponeses foram liberados de seus compromissos com os senhores, mas a lei também liberou o compromisso dos senhores para com os servos. A liberdade, que fora uma conquista, também passou a ser um problema, porque as fazendas se tornaram particulares: o pobre camponês, livre e sem trabalho, não podia pagar pela lenha que era usada como combustível ou pela madeira de sua casa, nem mesmo conseguia arcar com o pasto do gado ou com a palha para forrar sua cama. Mendicância e roubo se generalizaram pelo grão-ducado. Um agente brasileiro na Europa, que tinha como objetivo angariar colonos e soldados para d. Pedro I, afirmou, em 1824, que em Mecklenburg existiam "agricultores na condição de servos que certamente trocariam a situação com qualquer negro, no momento em que tivessem ocasião de constatar como estes são alimentados, vestidos e providos".[48] Não foi ao acaso que muitos camponeses alemães emigraram para o Brasil, onde fariam parte de um projeto que pretendia eliminar a mão de obra escrava negra.

ESCRAVIDÃO NA RÚSSIA

De modo geral, a Europa aboliu os últimos resquícios de servidão com as revoluções de 1848, a chamada "Primavera dos Povos". Na Romênia e na Rússia, no entanto, ela perdurou até a década de 1860, pelo menos de forma oficial. Na Romênia, no antigo território da Valáquia, que fora subjugado, entre outros, pelo Império Otomano, os ciganos eram mantidos como escravos dos mosteiros ortodoxos desde o século XIV. (Em 1388, um príncipe valaquiano doou nada menos que trezentas famílias ciganas para que os monges as utilizassem como escravas.)

Na Rússia, a servidão surgiu de forma embrionária no século XVI até ganhar sua forma definitiva um século mais tarde. As vastas planícies russas eram promissoras produtoras de cereais e gado para os centros urbanos da Europa Ocidental, mas tinham escassez de mão de obra; muita terra, pouca gente para trabalhar nela. Depois de meio século de reinado de Ivã, o Terrível, a Rússia se encontrou em grave crise política e econômica. Durante o governo de Boris Godunov a crise foi agravada por três anos de fome, o que obrigou camponeses a deixar o campo e afluir para as cidades à procura de comida. Para fixá-los nos campos, Godunov decretou a servidão permanente às terras, sob a responsabilidade dos senhores. Uma determinação que também servia como medida preventiva contra o instinto nômade dos russos.[49]

Em 1648, para dar regulamentação aos problemas apresentados na época de Godunov, Alexei Mikháilovitch convocou uma "Assembleia da Terra" e apresentou um novo código de leis — o Código de Alexei — que prometia "justiça igual para todos". O tsar confirmou a posse das terras aos nobres, que as transformaram em propriedades permanentes. A justiça seria agora aplicada pelos proprietários a seus servos, os camponeses. Os servos não poderiam deixar as terras às quais estavam ligados; se fugissem, seriam capturados e punidos. E duramente. A pena de morte era prevista para mais de sessenta crimes e sua execução incluía opções como esquartejamento, decapitação, ser enterrado vivo e queimado. O principal instrumento de "correção" era o cnute, um açoite de couro trançado com arame e bolas de metal que arrancava a pele e quebrava ossos; dez chibatadas podiam matar. Quando as leis de servidão foram consolidadas, Alexei tinha 27 mil famílias como seus bens, as quais forneciam rendimentos ao tsar por meio de impostos e força de trabalho também no serviço militar — os russos precisavam servir por 25 anos.

No reinado de Pedro, o Grande, os servos representavam 93% da população e sua tentativa de "modernizar" a Rússia ampliou o abismo entre senhores e servos. Em 1722, o tsar criou a "Tabela de Graduações", uma escala hierárquica concebida para estimular a competição por honras e títulos no seio da aristocracia, o que acabou militarizando a nobreza russa, cujos membros passaram a servir como oficiais e administradores perpetuamente. Para financiar a nobreza, Pedro criou um novo imposto individual a ser pago por cada camponês homem e não mais por chefe de família. Além disso, na tentativa de industrializar o país, ele vendeu muitos camponeses do Estado para empresários de fábricas. Esses camponeses passaram a ser servos industriais, não mais ligados ao senhor; eram propriedade das empresas e obrigatoriamente deviam ser comprados ou vendidos com as fábricas, como peças do maquinário. "A nobreza", escreveu o historiador Simon Montefiore, especialista em história russa, "podia ser definida pelo privilégio de possuir seres humanos, estabelecendo um padrão de comportamento russo: servidão para os de cima, tirania para os de baixo".[50] Um pequeno grupo de famílias, aproximadamente 5 mil pessoas, dominava o Exército, a corte e o campo; aproximadamente 8% da população detinha quase 60% das terras. Segundo o historiador Robert Massie, "os servos eram camponeses em regime de escravidão", trabalhando em terras pertencentes à Coroa, ao Estado, à Igreja, aos nobres senhores de terra ou a empresas industriais ou de mineração. "Alguns camponeses eram parcialmente livres, uns poucos completamente livres, e a maioria não tinha liberdade nenhuma".[51] Diferente do que ocorria na América, onde a mão de obra escrava era essencialmente estrangeira (e africana), na Rússia somente 15% dos servos eram estrangeiros, o restante eram nativos. Motivo pelo qual muitos se referem à servidão russa como "escravidão familiar".

O suplício dos servos na Rússia, em ilustrações de Jean-Baptiste Le Prince (1734-1781) para um livro francês do século XVIII. O tratamento cruel dispensado aos servos russos pouco diferia do regime escravocrata da América.

Reprodução

Na Rússia, a riqueza era medida em servos e não em acres de terra. Quando tomou o poder em 1762, Catarina, mais tarde cognominada a Grande, deu de presente à nobreza 18 mil servos da Coroa e do Estado. No início de seu reinado, a Coroa possuía 500 mil servos; 2,8 milhões de servos pertenciam ao Estado; 1 milhão eram propriedade da Igreja Ortodoxa; e 5,5 milhões pertenciam a membros da nobreza (o que corresponderia a 56% do total). Ainda que os camponeses fossem a maioria, havia servos lenhadores, jardineiros, carpinteiros, pintores, curtidores, escultores, músicos, artistas de teatro e dançarinos de balé. Havia servos mantidos exclusivamente para acender o cachimbo do senhor, servir o vinho ou abrir portas. Não raro as mansões da nobreza tinham duzentos ou trezentos servos vestidos em veludo fino para atender a duas ou três pessoas. Satisfazer os desejos megalomaníacos dos tsares era outra das obrigações servis: dezenas de milhares de servos pereceram quando Pedro ordenou a construção de São Petersburgo, em 1703, não por menos conhecida como "a cidade construída sobre ossos".

Com o tempo, os servos não necessitavam mais fazer voto de obediência a um senhor. A servidão havia se tornado um comércio; tal como ocorria na América, os servos podiam ser comprados, vendidos ou alugados. O historiador norte-americano David Landes observou que "a servidão fomentava a arrogância estúpida em cima; cobiça e inveja, ressentimento e azedume embaixo".[52] Em São Petersburgo ou Moscou, anúncios de comércio humano eram comuns nos jornais: "Vendo duas toalhas de banquete e também duas meninas treinadas para o serviço e uma camponesa". "Vendo uma menina de dezesseis anos que sabe tecer renda, sabe costurar lençóis e toalhas, passar e engomar, vestir a senhora; além disso, é agradável de rosto e de corpo." "Quem quiser comprar uma família inteira ou um rapaz e uma moça separadamente pode se informar no lavador de prata em frente à igreja de Kazan."[53] Servos homens valiam entre duzentos e quinhentos rublos, as mulheres custavam a metade disso ou menos. Não raro os servos também eram permutados, por um cavalo ou por um cachorro. Amparados no Código de Alexei, os senhores também podiam exilá-los na Sibéria por qualquer motivo, sem intromissão do Estado. Dessa forma, não é de estranhar que crueldade com os servos fosse algo muito comum entre os nobres russos. "Não há uma casa aqui sem grilhões de ferro, correntes e instrumentos de tortura para os que cometeram a mínima infração", observou a própria tsarina Catarina, a Grande.[54] Uma nobre, Dária Soltikova, torturou e assassinou dezenas de seus servos. Magoada com as traições do marido, ela descontava sua ira em suas criadas, que, atormentadas por pequenas falhas, eram espancadas, torturadas com água fervente, pregos, marretadas, pranchadas e golpes com rolos de macarrão. Uma investigação revelou 138 possíveis assassinatos, incluindo casos de meninas de dez anos de idade e mulheres grávidas. Culpada por 38 crimes, ela foi acorrentada publicamente com uma placa ao redor do pescoço com os dizeres: "Esta mulher torturou e matou". Foi poupada da execução por seus direitos como nobre.

Em 1762, o perfil iluminista de Catarina tentou revogar as leis criadas por Pedro, o Grande. "Intelectualmente contra a servidão", ela proibiu que os donos de fábricas e minas comprassem servos para a indústria sem as terras em que eles trabalhavam; e impôs a necessidade de um salário previamente combinado. O resultado foi uma greve generalizada que paralisou as fábricas do país e forçou a tsarina a sufocar as manifestações com a força dos soldados. Ao longo de seu governo, Catarina continuou tentando melhorar as condições de vida dos servos, mas não passou nem perto da abolição, que acabou ocorrendo um século mais tarde pelas mãos de seu neto. Em 19 de fevereiro de 1861, o tsar Alexandre II assinou a emancipação dos servos. Ao Conselho de Estado, que previa uma revolução caso o decreto fosse emitido, afirmou: "A autocracia estabeleceu a servidão e cabe à autocracia aboli-la".[55] Não menos do que 22 milhões de russos foram libertados da opressão. Como comparação, o número é 27 vezes maior do que o número de escravos negros libertos no Brasil em 1888. A "emancipação", no entanto, foi incompleta. A lei proibia a venda e a compra dos servos, assim como o açoite e os maus-tratos, mas eles continuaram devendo obrigações de trabalho aos antigos donos e ainda estariam sujeitos a uma justiça arbitrária; poderiam comprar propriedades, se casar e comerciar, mas precisavam pagar a seus antigos proprietários 20% do valor das terras (o restante seria pago pelo governo).

> O tsar Alexandre II (1818-1881) decreta a abolição da servidão na Rússia, em 1861: 22 milhões de russos viviam no regime de servidão, grande parte em situação análoga à escravidão.
>
> Getty Images

No fim do século XIX, o país ainda era um "gigante, pesado e ineficiente, econômica e tecnologicamente atrasado". A Rússia era organizada de tal forma que todos os europeus instruídos a consideravam "francamente pré-histórica", disparou o britânico Eric Hobsbawm, um dos mais renomados historiadores do século XX.[56] A Revolução de 1917 derrubou Nicolau II, bisneto de Alexandre e descendente de autocratas que governavam o país há trezentos anos. Mas o império dos Románov apenas deu lugar à União Soviética e a novos senhores. Em 1938, durante o regime stalinista, no *gulag* havia cerca de 9 milhões de pessoas presas em regime de trabalho forçado. Em 1946, o número de escravos era superior a 20 milhões. (Leia mais sobre as atrocidades de Stálin em *Histórias não (ou mal) contas: Segunda Guerra Mundial*.)

SERVOS (OU ESCRAVOS?) NO TIBETE

Até as forças de Mao Tsé-tung invadirem o Tibete no fim de 1950, o pequeno país encravado nas montanhas do Himalaia havia intercalado, desde o século XIII, breves períodos de relativa independência e vassalagem a imperadores chineses. Com uma população de 980 mil pessoas, divididas em um complexo sistema de castas, somente 5% dos tibetanos detinham a quase totalidade das terras produtivas do país. Essa pequena elite era composta pela nobreza, por funcionários do governo e por monges (que eram divididos em várias classes, do Dalai Lama, o mais alto posto, aos noviços). Geridos sob um regime teocrático, desde o século XVII os monastérios eram donos de cerca de 40% das propriedades do Tibete. No início do século XIX, de uma população estimada em 850 mil habitantes, pelo menos 100 mil eram monges. O restante da população, camponeses e artesãos, vivia em regime de servidão intrinsecamente ligado ao sistema de castas e à religião budista. Aproximadamente 5% da população no Tibete era de escravos domésticos (os *Nang-san*), tidos como "gado que pode falar".

Assim como na Rússia, os servos tibetanos estavam sujeitos aos caprichos da nobreza ou de religiosos, que detinham o poder sobre a vida e a morte daqueles que eram considerados seus "bens". As mulheres das castas mais baixas eram frequentemente abusadas por senhores e não havia lei que as defendesse. Além disso, entre a população mais pobre praticava-se a poliandria, em que uma mulher servia de esposa a vários homens; costume não apenas aceito, como estimulado. Além do trabalho forçado, os servos eram frequentemente espancados, torturados e sofriam mutilações de partes do corpo. Não raro, orelhas, pés ou mãos eram cortados como punição; olhos podiam ser arrancados e, em último caso, servos podiam ser executados. De acordo com um dos artigos do código feudal tibetano, conhecido como "a lei do preço da vida", o rei valia seu peso em ouro, enquanto mulheres e mendigos, e até mesmo trabalhadores como açougueiros e ferreiros, valiam uma "corda de palha".

Por esses e outros motivos a China alega ter livrado os tibetanos da tirania de uma teocracia corrupta e opressora, proibindo e erradicando costumes bárbaros e seculares. De sua parte, os refugiados do antigo regime, entre eles o Dalai Lama Tenzin Gyatso, acusam o governo comunista chinês de destruir centenas de mosteiros e assassinar cerca de 1 milhão de pessoas desde 1959, quando o líder espiritual tibetano fugiu do país. Para eles, os dados e as informações divulgados pela China não corresponderiam mais à situação do Tibete na época da invasão.[57]

BLACK SEA
CRIMEA
BOSNIA
SERVIA
BULGARIA
Eastern Roumelia
ADRIATIC SEA
CORSICA
ROME
TYRRHENIAN SEA
SARDINIA
Gulf of Taranto
6

4. UM NOVO (VELHO) MUNDO

A escravidão era praticada no continente americano antes mesmo da chegada de Colombo: os povos ameríndios mantinham mercados de escravos e com eles faziam sacrifícios humanos. Os espanhóis e portugueses escravizaram índios e africanos, mas milhares de chineses também foram trazidos como mão de obra escrava para a América, assim como europeus. Três quartos de todos os imigrantes vieram para o Novo Mundo sob o regime de "servidão por contrato".

A vitória de Hernán Cortés sobre os astecas foi uma das mais impressionantes da história mundial. Em 1519, ele chegou ao México com pouco mais de quinhentos soldados, dezesseis cavalos, 32 bestas, sete canhões, alguns arcabuzes e mosquetes. Mas com o apoio dos totonacas, tlaxcalas e cholulas, tributários dos astecas, em pouco tempo ele havia derrotado um império de quase 25 milhões de pessoas. A capital, Tenochtitlán, era cinco vezes maior que a capital espanhola e tinha duas vezes a população de Sevilha, a maior cidade da Espanha. A proeza de Francisco Pizarro no Peru não foi menor. O poderoso império inca, que ia de uma ponta a outra da América do Sul com aproximadamente 9 milhões de súditos, caiu diante de 180 soldados e uns poucos cavalos.

Boa parte dos méritos da conquista se deveu ao aço, à pólvora e ao cavalo — que os povos americanos não conheciam — e à violência da invasão. Segundo relato do frei Bartolomé de Las Casas, com seus cavalos, espadas e lanças os espanhóis "entravam nas vilas, cidades e aldeias, não poupando nem as crianças e os homens velhos, nem as mulheres grávidas e parturientes e lhes abriam o ventre e as faziam em pedaços como se estivessem golpeando cordeiros". "Excessos grandes e notáveis de crueldades", segue o frei, "matando, incendiando, queimando, torrando índios e lançando-os aos cães".[58] Mas um fator fundamental para a derrota dos dois grandes impérios ameríndios poucas vezes é mencionado: junto de suas armas, os europeus trouxeram vírus e bactérias contra os quais a população ameríndia não tinha imunidade. A varíola matou os astecas como moscas logo nos primeiros anos; é muito provável que o vírus tenha sido trazido por um dos escravos negros de Cortés. Duas décadas depois, uma epidemia poderosa chamada pelos locais de "cocoliztli" dizimou 80% da população. A causa da "peste" só foi descoberta em janeiro de 2018 em uma pesquisa realizada por cientistas alemães, estadunidenses e mexicanos: uma variedade da bactéria salmonela. Aproximadamente 15 milhões de pessoas morreram. Depois, os espanhóis mataram o restante "como se fossem formigas".

Detalhe do Códice Mendoza, confeccionado na década de 1540 para o vice-rei da Nova Espanha, Antonio de Mendoza (1492-1552). A guerra era o principal meio de fornecimento de escravos com finalidade religiosa entre os povos americanos.

Reprodução

DEPENDENTES PERPÉTUOS

Em 1533, Pizarro recebeu como resgate por Atahualpa, o imperador inca, uma sala de sete metros de cumprimento por cinco de largura repleta de ouro — e uma em tamanho semelhante cheia de prata. A facilidade com que os incas haviam obtido os metais preciosos para salvar seu imperador lançou os espanhóis numa senda feroz em busca das riquezas americanas. E as atrocidades espanholas ocultaram as dos povos conquistados. Incas e astecas eram capazes de construir pirâmides e fortalezas com pedras de duzentas toneladas intercaladas com perfeição, manter calendários astronômicos complexos, redes de comércio e sistemas de tributação igualmente complicados da mesma forma que praticavam sacrifícios humanos. E como todos os grandes impérios, mantinham escravos.

Os incas chamavam seus escravos homens de *yana*, "dependentes perpétuos", que eram selecionados para servir e proteger seus senhores, os membros da nobreza ou o imperador.[59] Não podiam deixar a condição servil, que era hereditária, mas tinham direito de possuir terras e bens. Assim como ocorria entre os escravos de tradição muçulmana, os *yana* podiam alcançar riqueza, prestígio e tantas mulheres quanto conseguissem pagar. As servas mulheres eram *aqlla*, "mulheres escolhidas"; recrutadas ou sequestradas entre povos tributários ainda quando crianças, elas eram encerradas em lugares denominados de Casa das Escolhidas, educadas por mulheres mais velhas e, após a puberdade, poderiam ser tomadas como esposas do imperador ou dadas a membros da nobreza. Além da função religiosa — viviam em castidade e poderiam ser sacrificadas aos deuses —, elas tinham atribuições como fiar e tecer a lã dos rebanhos. Muitas dessas casas tinham 2 mil mulheres que trabalhavam em oficinas têxteis. Em 1999, um exemplo de sacrifício inca realizado há mais de quinhentos anos foi encontrado no pico do vulcão Llullaillaco, na Argentina, a 7 mil metros de altura. São as múmias de três crianças com idade entre seis e quinze anos que foram sacrificadas em provável oferenda ao deus Sol, numa cerimônia chamada de *Capacocha*. A mais velha delas, conhecida pelos pesquisadores como "A Donzela", provavelmente era uma *aqlla*.

Os astecas davam o nome de *tlatlacotin* (ou *tlacotli*, no singular) aos membros da classe mais baixa de sua sociedade. Eram os condenados que não cumpriam pena de prisão, mas viam-se obrigados a trabalhar para o Estado ou para o indivíduo que haviam prejudicado; eram também homens ou mulheres que se vendiam voluntariamente, ou servidores de uma família colocados à disposição de alguém para saldar dívidas. Mas, como em qualquer outro lugar, a guerra era o principal meio gerador de escravos com finalidade religiosa entre os povos ameríndios. Os prisioneiros capturados entre os inimigos eram as vítimas destinadas aos sacrifícios por ocasião dos cerimoniais. Depois de os astecas subjugarem uma revolta entre os huaxtecas, cerca de 20 mil escravos foram levados a Tenochtitlán para ser imolados em consagração à nova pirâmide-templo. O sacrifício consistia em cortar o peito do prisioneiro e extrair-lhe o coração ainda palpitante. Quando o número de escravos capturados era grande, muitos eram mantidos para os rituais anuais seguintes. Na falta de escravos, as "ofertas" eram compradas (ou doadas por seus senhores). No primeiro grande festival do ano, a Tlacaxipehualiztli, Festa do Esfolamento de Homens, eram sacrificados os escravos de mais alta categoria, capturados entre os povos vizinhos; a pele esfolada dos prisioneiros era pintada de amarelo e então vestidas pelos guerreiros astecas (as "vestes douradas").[60]

O *tlacotli* recebia um lugar para morar, comida e roupas. Se homem, trabalharia como carregador em caravanas de comerciantes ou no serviço doméstico de famílias nobres; se mulher, atuaria na tecelagem, na fiação ou em bordados. Não poderia ser maltratado e, segundo a crença asteca, estava sob os cuidados de Tezcatlipoca, o deus da noite, patrono dos reis e dos guerreiros, protetor dos escravos, que punia duramente os senhores que tratassem mal seus *tlatlacotin*. Os escravos astecas podiam ainda possuir bens, terras, casas e outros escravos. Era inclusive permitido que desposassem uma mulher livre, e seus filhos assim nasceriam. Podiam se tornar livres por meio de alforria ou decisão direta do imperador, que não raro decretava libertações em massa. O senhor do escravo não tinha o direito de revendê-lo, salvo se fossem comprovados episódios de insubordinação, desonestidade ou alcoolismo. Nesses casos, o escravo seria entregue ao mercado de Azcapotzalco, onde poderia ser comprado por negociantes ou artesãos com a finalidade de ser usado em sacrifício aos deuses. Os astecas tinham outra categoria de escravos que estava ligada à mão de obra rural: os *tlalmaitl*. Esses camponeses sem-terra ou arrendatários viviam sob os domínios de grandes senhores e estavam sujeitos à prestação de serviço militar; eram em sua maioria indígenas não pertencentes ao povo asteca.

A BOCA DO INFERNO
Na Espanha, os camponeses eram chamados de *pecheros*, os pagadores de tributo. Na América, o pagamento de impostos passou a recair sobre a "nova classe inferior": os índios americanos – o que não era uma novidade no Novo Mundo, pois os impérios pré-colombianos do continente reduziram dezenas de povos à condição de vassalos tributários. A escravização dos ameríndios por europeus teve início com o próprio Colombo. Ao retornar da primeira viagem, o almirante levou consigo alguns "exemplares" ao rei da Espanha; na segunda, três anos depois, quinhentos prisioneiros foram enviados para Sevilha, onde os que sobreviveram à viagem foram vendidos como escravos.

Na América Central e na Venezuela, a escravidão foi largamente usada pelos conquistadores. No México e no Peru, os espanhóis aproveitaram parcialmente as estruturas astecas e incas existentes – Cortés arranjou até uma amante asteca, Dona Marina.[61] Em 1509, o rei Fernando II legalizou a *encomienda*, sistema pelo qual os índios eram distribuídos entre os colonos, que podiam exercer sobre eles direitos quase vitalícios, embora não fossem oficialmente escravos – Cortés recebeu 23 mil servos indígenas como recompensa pela conquista do império de Montezuma. O termo *encomienda* vem do subterfúgio usado pela administração colonial: os índios eram "encomendados" para a catequese. Mas é claro que deviam ao *encomendero* serviços pessoais e tributos. A escravização pura e simples acontecia quando determinado grupamento se negava a receber os ensinamentos cristãos. Seria uma guerra justa contra infiéis. Outro argumento usado era que os nativos também tinham escravos em sua própria sociedade.

Para contentar a Igreja e interromper o monopólio dos *encomenderos*, a Coroa decidiu abolir o regime, ordenando a utilização do *repartimiento* (no México chamado de *coatequitl* e de *mita* no Peru), em que os índios alugariam seus serviços por um tempo determinado em troca de um salário diário. Esse sistema foi usado tanto na reconstrução de Tenochtitlán (a atual Cidade do México), no século XVI, quanto na drenagem do Vale do México, no século seguinte. Frei Motolinía chamou as obras na antiga capital asteca de "a sétima praga"; no entanto, nenhum outro recrutamento de mão de obra indígena se comparou ao utilizado nas minas de prata de Potosí, na montanha de Cerro Rico, na Bolívia.[62]

As minas de prata de Potosí, na Bolívia. A "boca do inferno" consumia 1 milhão de quilos de coca anualmente, custou a vida de 8 milhões de ameríndios durante o período colonial e rendeu aos espanhóis 45 mil toneladas de prata. O religioso Antonio de la Calancha (1584-1684) escreveu: "Toda moeda de peso cunhada em Potosí custou a vida de dez nativos que morreram nas profundezas das minas".

Reprodução

Retiradas de comunidades agrícolas, famílias indígenas inteiras eram levadas para Potosí. Sete em cada dez não voltavam. Luis Capoche, dono de minas e engenhos, observou que os caminhos que levavam ao local da extração da prata eram tão atulhados que "parecia que o reino inteiro ia embora". Frei Rodrigo de Loaisa descreveu os pobres índios "como as sardinhas no mar", e outro religioso, Domingo de Santo Tomás, afirmou que Potosí era a própria "boca do inferno". O frio intenso do lado de fora da mina contrastava com o calor infernal dos subterrâneos. Os *mitaios*, como eram chamados os trabalhadores, extraíam a prata com picaretas a mais de duzentos metros de profundidade e a levavam à luz de velas para cima usando escadas íngremes. Do lado de fora, o mineral era fundido com auxílio do mercúrio. Em torno da montanha quase 7 mil fogueiras impediam que qualquer ser vivo sobrevivesse num raio de quarenta quilômetros.

Para que os trabalhadores pudessem suportar os mais de 4 mil metros de altitude, 100 mil cestos e 1 milhão de quilos de coca eram transportados e consumidos anualmente. O descendente de incas Garcilaso de la Vega afirmou em seus "comentários reais" que a maior parte da renda do bispo, dos cônegos e dos ministros da Igreja em Cuzco, no Peru, tinha como origem o dízimo sobre a venda da folha da coca. Aproximadamente quatrocentos mercadores espanhóis viviam do tráfico da coca em Cuzco.[63]

A Coroa espanhola considerava a exploração desumana do índio tão necessária que, em 1601, o rei Felipe III proibiu o trabalho forçado nas minas, mas emitiu ordens secretas de que não fosse interrompido "se aquela medida afetasse a produção". Nem a exploração indígena nem a extração da prata tiveram fim. Depois de três séculos, as minas de prata de Potosí custaram a vida de 8 milhões de pessoas. Os espanhóis, por sua vez, lucraram: entre 1556 e 1783, 45 mil toneladas de prata pura foram extraídas, transformadas em barras e moedas pela Casa da Moeda e enviadas para a Espanha. O frei agostiniano Antonio de la Calancha fez as contas: "Toda moeda de peso cunhada em Potosí custou a vida de dez nativos que morreram nas profundezas das minas".[64]

No Brasil, a escravização dos índios deu-se de forma indiscriminada desde a chegada de Cabral, em 1500, e persistiu por todo o período colonial. Durante o século XVI, os paulistas despovoaram os vales do Tietê e do Paraíba, e nos cem anos seguintes passaram a atacar as reduções jesuíticas, em sua maioria organizadas por padres espanhóis, ao longo dos rios Uruguai, Paraná e Paraguai. Embora fosse terminantemente proibida, a captura desses índios "reduzidos" se transformou na principal fonte de lucro da economia paulista. Catequizados, os índios aldeados eram presas fáceis para os mercadores de escravos. Conhecidas por "bandeiras", as expedições organizadas em São Paulo aprisionaram mais de 100 mil índios nas reduções de Guairá, no atual estado do Paraná; outros 60 mil foram capturados no Tape, atual Rio Grande do Sul; e mais 15 mil no Itatín, em território paraguaio. Os bandeirantes também destruíram tudo o que encontraram pela frente; roubaram igrejas não poupando nem os padres jesuítas que caíam prisioneiros. A ferocidade com que Raposo Tavares e muitos outros bandeirantes destruíram as reduções e o ódio diante dos jesuítas talvez tenha uma explicação: os desbravadores eram cristãos-novos, descendentes dos judeus portugueses forçados a se batizar cristãos no fim do século XV. Depois de capturados, os índios eram levados para o litoral, onde serviam de mão de obra nas lavouras ou eram revendidos para outros lugares. Mas não sem a ajuda dos próprios indígenas. A bandeira de Raposo Tavares, que assaltou Guairá em 1629, por exemplo, além de 69 paulistas e novecentos mestiços, tinha 2 mil índios como auxiliares. Tal como na Rússia tsarista, a medida da riqueza entre os bandeirantes estava no número de escravos obtidos e não em terras; no caso brasileiro, dizia-se que o traficante de índios era "rico em flecheiros". Em um século e meio, os paulistas escravizaram mais de 356 mil índios.[65]

A exploração da mão de obra indígena não teve fim com o processo de independência e a instauração das repúblicas centro-americanas e sul-americanas. No começo do século XX, 100 mil índios yaquis escravizados trabalhavam nas plantações de sisal, nas planícies de Yucatán, na América Central.[66] Em meados desse século, os *pongos*, como eram chamados os índios destinados ao serviço doméstico, ainda eram alugados e oferecidos em anúncios nos jornais de La Paz, na Bolívia. O historiador britânico Eric Hobsbawm escreveu durante uma viagem ao Peru, em 1963: "Os indígenas são servos desde sempre. Qualquer proprietário de terras pode bater neles ou tomar suas esposas e filhas, qualquer um que use trajes europeus os trata como cães, todo policial ou funcionário é inimigo deles".[67] Em 2007 havia mais de mil famílias guarani vivendo em cativeiro, distribuídas em comunidades assentadas na região dos departamentos de Santa Cruz e Chuquisaca, no altiplano boliviano. Elas trabalhavam para a indústria agrícola e não recebiam salários. Em 2016, os guarani conseguiram compor um governo autônomo, o "Autogoverno da Autonomia Indígena Guarani Charagua Iyambae", cuja estrutura é conduzida por costumes ancestrais e não afeta a Constituição do país.

Segundo observações da Fundação Walk Free, da Organização Internacional do Trabalho (OIT) e da Organização Internacional para Migração (OIM), a discriminação sistêmica contra populações indígenas nas Américas aumenta os riscos de exploração entre esses grupos marginalizados. No México, a pobreza extrema e o preconceito histórico contra os Tarahumara tornam a comunidade "presa fácil para os traficantes". As cerca de 3 milhões de meninas indígenas exploradas no serviço doméstico e na indústria do sexo levaram o Congresso mexicano a considerá-las o grupo mais vulnerável do país.[68]

ESCRAVOS BRANCOS NA AMÉRICA

Quando a Inglaterra decidiu fundar uma colônia na Virgínia, no começo do século XVII, o território já havia sido explorado por portugueses e espanhóis desde o século anterior (os lusos tentaram povoar a ilha do Cabo Brenton, e os hispânicos, o Rio São Lourenço). Sabia-se desde então que a América do Norte poderia fornecer aos comerciantes ingleses peles, peixes e madeira, mas nunca ouro ou prata. Encontrar interessados em explorar terras estéreis era um grande problema, mas também era uma iniciativa extremamente importante se o rei inglês quisesse se apossar delas e não permitir que seus velhos inimigos, os franceses, tomassem a dianteira. Não há posse sem ocupação. A solução encontrada foi ceder o território a companhias ou particulares que fomentassem o povoamento. Os projetos iniciais fracassaram, mas plantaram a semente da salvação. Em 1612, John Rolfe conseguiu cultivar e curar uma variedade de tabaco melhor do que a conhecida entre os índios nativos. (Rolfe acabaria se casando com Pocahontas, filha do chefe Powatan e uma das personagens mais conhecidas da história norte-americana.) Em pouco tempo, todos os colonos na Nova Inglaterra plantavam o fumo. O historiador britânico Niall Ferguson resumiu bem os modelos de colonização entre ibéricos e anglo-saxões: "Na América do Sul, os índios trabalharam a terra; na América do Norte, eles a perderam".[69]

Com o sucesso no plantio do tabaco, os empreendedores precisavam de mão de obra; de preferência, barata. Não foi difícil encontrar, pois ela era farta na Grã-Bretanha. Entre a primeira leva a ser expedida estavam muitas crianças. Algumas foram enviadas por pais que queriam uma vida melhor para os filhos, mas outras foram deportadas à força. Em 1618, o governo inglês recolheu centenas de crianças problemáticas com idade entre oito e dezesseis anos dos subúrbios de Londres e enviou cem delas para a Virgínia.[70] As levas seguintes contaram com os indesejáveis de sempre: mendigos, prostitutas, dissidentes e condenados. Até 1775, aproximadamente 70 mil pessoas seriam transportadas para as possessões inglesas na América. As mulheres eram sequestradas por agentes (os "espíritos") e levadas para a Nova Inglaterra, onde eram disputadas e comercializadas entre os homens por cem libras de tabaco, que se transformara no principal produto de exportação da colônia. Os franceses fizeram o mesmo na Nova França, em Ontário e Quebec: em 1687, um grande número de prostitutas desembarcou nas colônias para dar suprimento a uma região praticamente vazia.

Sem um centavo no bolso, os novos colonos assinavam "contratos de servidão" do tipo que Millicent How assinou em 1670: "Que seja do conhecimento de todos que eu, Millicent How, solteira, de Londres, na presente data, de pleno acordo com estes termos, comprometo-me e obrigo-me a ser uma serva obediente e fiel em todos os aspectos, a servir e residir com o capitão Joseph West, mercador da cidade de Londres, na plantação, ou província da Carolina".[71] Mais de 65% de todos os britânicos que desembarcaram na Virgínia durante o século XVII o fizeram nas mesmas condições de How. Durante todo o período colonial, não menos do que três quartos dos imigrantes europeus chegados à América inglesa vieram sob o regime de servidão por contrato — 300 mil "servos voluntários" entre os anos de 1620 e 1775.

Em termos normais, o contrato de servidão durava até seis anos; mas sobreviver em um ambiente hostil não era muito fácil. Os primeiros assentamentos britânicos e franceses na América do Norte resultaram em desastres com centenas de mortes; e Jamestown e Plymouth, os primeiros povoados permanentes, passaram bem perto do fracasso. Assim, muitos dos colonos-servos originais morreram antes mesmo de o contrato ser concluído ou de descobrirem que nenhum tribunal iria apoiá-los quando seus "donos" não conseguissem cumprir as promessas feitas na Inglaterra. Muitos nunca alcançaram a liberdade. Para os pesquisadores britânicos Don Jordan e Michael Walsh, autores de uma pesquisa sobre essa "história esquecida", a documentação da época não deixa dúvidas de que os servos não eram mais do que escravos. Em 1622, o comerciante inglês William White legou todos os seus bens ao irmão: "Deixo todas as minhas terras na Virgínia, com todos os meus servos, bens, dívidas, bens móveis e tudo o que eu tenho, para o meu amado irmão John White". Em 1684, Abraham Coombs, de Maryland, fez o mesmo: "Deixo à minha querida e amada esposa todos os meus servos, sendo dois meninos e uma mulher, junto com todo o meu estoque de porcos".[72] Os servos não tinham liberdade de locomoção; além de doados, podiam ser vendidos ou comprados e estavam sujeitos a regras de disciplina alheias à justiça na Inglaterra. Observadores da época também vinculavam a servidão de colonos com a escravidão. Em 1650, 12 mil irlandeses residiam em Barbados, um território inglês nas Antilhas, e o padre Johan Grace notou que seiscentos deles viviam como escravos na pequena ilha de St. Christopher — por ironia, os próprios negros os chamavam de "escravos brancos". Curiosa coincidência: no Brasil, em 1827, o inglês John Armitage também notou que os negros denominaram de escravos brancos os irlandeses que desembarcaram no Rio de Janeiro para servir como soldados no exército imperial.

Os castigos também não diferiam dos que mais tarde seriam praticados em escravos negros. Fugas eram punidas com chicoteamento e trabalho extra, às vezes com a morte. Na Virgínia, para cada dia não trabalhado, o fugitivo ganhava cinco dias a mais de servidão; em Maryland eram dez dias de acréscimo ao contrato. O colono Christopher Miller recebeu como sentença trinta açoitamentos, a letra "R" marcada a ferro quente em seu rosto e uso de um grilhão preso à perna por um ano. Marcar escravos era uma prática comum desde a Antiguidade, e na América também foi adotada entre os colonos puritanos para punir "crimes" como adultério (letra "A"), embriaguez ("D") e blasfêmia ("B"). A letra "R" usada em Miller identificava-o como servo fugitivo. Pesquisas arqueológicas recentes têm ajudado a demonstrar quanto os servos eram sujeitados ao trabalho forçado e a espancamentos. Em 2003, um esqueleto do século XVII foi descoberto em Annapolis, Maryland. A análise forense revelou que se tratava de um menino de aproximadamente dezesseis anos com origem no norte da Europa, provavelmente na Grã-Bretanha. Além da tuberculose que o matou, as lesões nos ossos indicavam que o jovem colono fora submetido a trabalhos forçados. A posição e o local em que o esqueleto foi encontrado sugerem que se tratava de um escravo.

Somente dois em cada dez colonos tiveram sorte e conseguiram vencer o tempo de servidão. Os afortunados receberam de cem a duzentos acres de terra e foram integrados a uma nova sociedade, com direitos civis, possibilidade de votar e ser membro de um júri — se, com o tempo, o número de acres adquirido fosse superior a quinhentos, poderiam ainda participar da assembleia da colônia e até mesmo ser juízes. No Brasil, a partir de 1824, os assentamentos de imigrantes alemães também estabeleceriam prazos para o pagamento de passagens e terras, mas os vinculariam ao tempo de serviço militar e concederiam isenção de impostos por determinado período.

ESCRAVIDÃO AFRICANA

"O açúcar moldou a história humana", afirmaram os químicos Penny le Couteur e Jay Burreson em um livro sobre moléculas que revolucionaram o mundo. A opinião é compartilhada por historiadores e economistas: foram os lucros proporcionados pelo enorme mercado consumidor de açúcar na Europa do século XVII que motivaram o envio de escravos africanos para o Novo Mundo. "O trabalho escravo tornou possível o cultivo de grande intensidade e o refino de açúcar", escreveu o britânico David Landes.[73] Sem o açúcar, é provável que o tráfico escravo tivesse sido bem menos intenso; sem o trabalho escravo, a produção de açúcar teria sido muito menor.

Os portugueses abriram novas rotas de escravos ao longo do século XV, quando começaram os ensaios com as primeiras plantações de cana-de-açúcar na ilha da Madeira e nos Açores, no Atlântico, e em São Tomé, no Golfo da Guiné — desde 1421 os lusos cultivavam uva e uma espécie de cana-de-açúcar que era plantada em Creta. Quando a cana foi levada a Pernambuco (1516) e São Vicente (1532), com ela foram também os escravos negros. Os africanos tornaram-

-se indispensáveis como mão de obra; toda a produção passava por suas mãos: plantio, colheita e beneficiamento. Um século mais tarde havia mais de 350 engenhos no Brasil produzindo até 10 mil toneladas de açúcar por ano, o maior produtor e exportador mundial. Mas logo os luso-brasileiros ganharam concorrentes importantes. Holandeses e ingleses começaram a plantar cana-de-açúcar nas Antilhas e a importar escravos em quantidades inimagináveis até então (ainda mais se levada em conta a pequena dimensão das ilhas). Entre 1640 e o fim do tráfico escravo no século XIX, aproximadamente 6,5 milhões de africanos chegaram à América Central — número bem superior ao de escravos trazidos ao Brasil em todo o período colonial. O consumo mundial anual *per capita* de açúcar em 1700 era estimado em 1,8 quilo; em 1780, já alcançava seis quilos. No século XX, o consumo de alguns países chegou a 45 quilos por pessoa, e a tonelagem atual da cana-de-açúcar é maior do que a de trigo e milho juntas.

O uso de africanos tinha vantagens em relação aos escravos ameríndios: eles sabiam criar gado bovino e montar cavalo — os primeiros caubóis da ilha de Hispaniola eram uolofes e mandingas. Também tinham imunidade genética contra a febre amarela e a malária (originárias da África), o que os tornava aptos a viver tanto na América Central quanto no Brasil, regiões tomadas por essas doenças. (A propósito, foram os escravos negros de Cortés que trouxeram a malária para o México e a disseminaram pelo continente.) "A superioridade genética (em termos de imunidade)", observou o historiador israelense Yuval Harari, "se traduziu em inferioridade social".[74] Por estarem mais adaptados ao clima tropical do que os escravos oriundos da Europa, os africanos tornaram-se cativos de senhores europeus. Além disso, havia outro fator importante para o incremento do tráfico negreiro: na África, já existia um mercado de escravos bem estabelecido. Comprado nos portos africanos e transportado pelo Atlântico como se fosse uma presa animal, ao chegar à América o escravo era revendido a seu novo dono e passava então por um período de "aclimatação" — um processo de seleção, com eliminação dos mais fracos e "domesticação" dos insubmissos. Os infratores reincidentes, descartáveis como mão de obra e maus exemplos para os demais, eram duramente castigados. Os europeus haviam transformado a escravidão em um negócio altamente lucrativo tanto quanto desumano.

Na América do Norte não havia plantações de cana-de-açúcar. Nem escravos negros até 1619, quando um grupo de cerca de 350 escravos roubados de um navio espanhol destinado a Veracruz, no México, chegou a Jamestown, na Virgínia. Nos dois séculos seguintes, os Estados Unidos importariam pouco mais de 305 mil escravos africanos para o trabalho nas plantações de tabaco e algodão da região sul. A quantidade é 15 vezes menor do que o número traficado para o Brasil. O período de maior intensidade foi justamente o ano em que o tráfico foi abolido. Em 1807, quase 30 mil escravos desembarcaram na costa leste norte-americana. Com as limitações no comércio atlântico, o montante da mão de obra escrava passou a ser mantido por "reprodução natural", o que significou expressiva melhora no trato com o escravo, além de melhor alimentação. Uma família escrava que não tivesse filhos reduzia a capacidade de produção das terras de seu senhor. Assim, tratar o escravo com menos severidade passou a ser um investimento — mas não era uma regra. Conforme o número de escravos crescia, leis severas foram estabelecidas para distinguir brancos em regime de servidão e negros escravos; em 1669, uma lei estabeleceu que não era crime um senhor matar seu escravo, considerado não mais do que um "bem móvel". Numerar os castigos infligidos é desnecessário, basta que se diga que, assim como no Brasil, *negro* passou a ser sinônimo de *escravo* e de toda sorte de humilhações, desprovimentos e provações.

Os norte-americanos tardaram a dar sua contribuição na luta contra a escravidão. Os fazendeiros da Virgínia que defendiam a independência norte-americana na década de 1770 eram, em sua maioria, senhores de escravos. O próprio George Washington, líder na guerra contra os *red coats* ingleses e primeiro presidente da nação, era dono de escravos. Thomas Jefferson, que escreveu na Declaração de Independência que "todos os homens são criados iguais" e, portanto, têm direito à "vida, à liberdade e à busca de felicidade", tinha escravos. (Jefferson viveu por quase quatro décadas com a escrava

Sally Hemings, com quem teve sete filhos.) E não menos do que doze presidentes estadunidenses possuíram escravos, oito deles enquanto ocupavam o cargo máximo da nação. Pouco depois da Guerra de Independência, em 1790, das 410 mil famílias norte-americanas constituídas, mais de 47 mil eram proprietárias de escravos negros; uma em cada nove.[75] Três décadas mais tarde, pessoas com origem ou ascendência africana correspondiam a 17% da população na América do Norte (na mesma época, no Brasil, a população negra correspondia a 56% do total, e na América Espanhola, a 22%).

Não foi por outro motivo que Frederick Douglass, ao se dirigir aos norte-americanos brancos na celebração anual da Independência, em 1852, escreveu que "a rica herança da justiça, liberdade, prosperidade e independência legada por vossos pais é partilhada por vós, não por mim. Em matéria de barbaridade revoltante e hipocrisia despudorada, os Estados Unidos reinam sem rival".[76] Conhecido como "Leão de Anacostia", o abolicionista e escritor estadunidense foi um dos mais eminentes afro-americanos de seu tempo e um dos mais influentes da história de seu país. Filho de uma escrava com um homem branco desconhecido, Douglass vivenciou a brutalidade da escravidão em uma fazenda em Maryland; ali ele estava "quebrado de corpo, moral e espiritualmente", escreveu mais tarde. Em 1838, ele fugiu para New Bedford e depois para Nova York, de onde passou a liderar a campanha abolicionista, que viria ser a obra de sua vida.

Os primeiros projetos de abolição nos Estados Unidos estavam associados à ideia de que os ex-escravos deveriam ser levados para o seu lugar de origem, o continente africano. Desde a extinção do tráfico negreiro, uma "sociedade americana para a colonização", que contava com apoio do governo, de políticos e de fazendeiros, se organizava para levar os escravos libertos dos Estados Unidos para a África. Em 1822, o governo norte-americano comprou de tribos locais uma faixa de terra na costa africana e criou uma colônia denominada "Libéria", cujo primeiro assentamento recebeu o nome de Monrávia, homenagem ao presidente James Monroe — célebre pela frase "a América para os americanos". (Em 1847, a Libéria se tornou um Estado independente.) O projeto não foi aceito pelos líderes abolicionistas do norte do país. Manter pessoas cativas e acorrentadas primeiro e depois querer deportá-las soava demasiado contraditório em um país que nascera como "terra da liberdade".

Na fim da década de 1850, os Estados Unidos estavam à beira de uma guerra civil, dividido entre estados que haviam baseado sua economia na mão de obra livre, com indústrias, fábricas e estaleiros, no norte do país; e aqueles que eram totalmente dependentes do trabalho escravo, utilizado nas grandes fazendas e plantações de algodão no sul. Em 1861, a eleição de Abraham Lincoln, contrário à manutenção da escravidão, causou uma guerra de secessão. Onze estados sulistas e escravistas criaram os "Estados Confederados", separando-se do restante do país.

Em meio à Guerra Civil, em janeiro de 1863 o presidente Lincoln promulgou o Ato de Emancipação, permitindo que escravos e negros livres passassem a ser recrutados pelo Exército dos Estados Unidos. Não era a abolição institucionalizada, apenas uma promessa de liberdade, mas bastou para que milhares se alistassem no Exército. Não menos do que 178.895 negros vestiram o uniforme *yankee*, como eram chamados os nortistas ou membros da União.[77] Desse total, mais de 134 mil eram escravos sulistas — principalmente da Louisiana, do Tennessee e do Mississipi — que fugiam para a liberdade. As tropas negras eram chamadas de *United States Colored Troops*, "tropas dos Estados Unidos formadas por homens de cor". Dois filhos de Douglass se alistaram; ambos serviram no 54º Regimento de Infantaria de Massachusetts. Ao todo, o Exército da União formou com homens negros 120 regimentos de infantaria, doze de artilharia (e dez batalhões anexos a tropas brancas) e sete regimentos de cavalaria. Segundo dados oficiais, 68.178 soldados negros morreram durante a guerra, dos quais 2.751 em combate.

Com o fim da guerra e a derrota dos Confederados, a abolição da escravatura foi formalizada em 6 de dezembro de 1865, quando o Congresso aprovou a 13ª emenda da Constituição. A emenda seguinte, de 1868, deu aos negros direitos iguais aos dos brancos. Dois anos mais tarde, a 15ª emenda garantiu a igualdade de direito eleitoral. Estados como Carolina do Sul, Mississipi e Louisiana, porém, mantiveram restrições legais, os chamados "códigos negros", até a década de 1960.

"Come and join us brothers" [venha se juntar a nós, irmãos], diz o cartaz de propaganda produzido nos Estados Unidos para o recrutamento de escravos e libertos negros durante a Guerra Civil Americana. Mais de 178 mil negros se alistaram pela União nas chamadas "tropas de homens de cor".

Reprodução

No restante da América, em países onde a população escrava era pequena e economicamente menos importante, a escravidão foi abolida simultaneamente à independência, casos de Chile (1818) e México (1821). Os uruguaios libertaram seus escravos em 1842. O Paraguai foi o último país de língua espanhola a decretar o fim da escravidão na América do Sul, em 1870. Na Argentina, o tráfico de escravos negros foi extinto em 1813, junto com o trabalho indígena de corveia. Qualquer escravo que fosse importado desde então tornava-se livre ao entrar no país, que acabou por decretar a abolição apenas em 1853 — exceto a província de Buenos Aires, que o fez somente em 1860). No Brasil, lei semelhante foi aplicada em 1831. Três décadas depois, os filhos de escravos nascidos a partir daquela data foram declarados livres. Somente em 1888 a monarquia brasileira aceitou pôr fim à escravidão no país. (Leia mais detalhes sobre a escravidão no Brasil em *Histórias não (ou mal) contadas: revoltas, golpes e revoluções no Brasil*.)

ESCRAVOS CHINESES NA AMÉRICA

Ocupados com ouro e prata, os conquistadores espanhóis nunca deram valor para o comércio de esterco praticado pelos incas. O *guano*, as fezes de aves, havia séculos era extraído das ilhas costeiras de Chincha, levado à costa e depois transportado em carregamentos até as montanhas para servir de fertilizante. O célebre naturalista alemão Alexander von Humboldt foi um dos primeiros europeus a notar, ou melhor, a sentir o cheiro dos navios carregados de *guano*. "Podemos cheirá-los a um quarto de distância", anotou.[78] Anos mais tarde, o químico Justus von Liebig publicou um tratado sobre as qualidades do guano levado para a Europa pelo compatriota. Foi quando o Velho Mundo descobriu a utilidade do produto e um novo comércio se estabeleceu com as ilhas Chincha.

Em 1841, a Grã-Bretanha importou 1.880 toneladas do guano peruano. Quatro anos depois foram mais de 270 mil toneladas. Em quatro décadas, o Peru havia exportado mais de 13 milhões de toneladas do fertilizante, contribuindo para o surgimento do que se conhece hoje por agricultura intensiva. Só um problema impedia que as exportações fossem maiores: a falta de mão de obra. O guano era tóxico e poucos se dispunham a trabalhar com ele. Sem querer pagar por salários elevados e tendo fracassado na utilização de condenados e africanos, o governo peruano concedeu ao comerciante Domingo Elias, o maior produtor de algodão do Chile e dono de escravos, o direito exclusivo de explorar a extração do guano. Sem querer perder seus negros em um negócio arriscado, Elias contratou chineses informando seus novos "empregados" de que eles trabalhariam nas minas de ouro da Califórnia. Era uma armadilha, mas cerca de 2 mil cules (de *coolie*, como eram chamados os trabalhadores braçais asiáticos) foram levados ao Peru para viver em condições semelhantes às da escravidão e trabalhar com o guano. Aproximadamente 100 mil foram parar nas lavouras de algodão e cana-de-açúcar, na costa do Pacífico. Era comum que esses trabalhadores fossem mantidos acorrentados e sofressem castigos físicos, além de serem chamados de "porquinhos". Seus vigilantes eram, na maioria das vezes, escravos ou ex-escravos negros. No contrato, assinado ainda no porto de embarque, o trabalhador chinês (voluntária ou compulsoriamente) se obrigava a trabalhar por oito anos em troca de uma remuneração. O contrato não poderia ser quebrado pelo contratado; ele não poderia abandonar o trabalho antes do vencimento do prazo estabelecido e, caso isso fosse feito, seria reintegrado ao serviço por uma força policial. Na mesma época, empresas norte-americanas estavam levando chineses em circunstâncias similares para a construção de estradas de ferro na costa oeste — os trabalhadores tinham a letra "C", de Califórnia, marcada a ferro quente na orelha.

O próprio transporte tinha semelhança com o dos navios negreiros: um em cada oito chineses morria na travessia do Pacífico. Em 1868, com avarias, o barco *Cayaltí*, de bandeira estadunidense, tripulação peruana e capitão português foi obrigado a retornar com seu carregamento de chineses. Ao voltar, o navio entrou no porto japonês de Hakodate, onde uma crise diplomática se instaurou entre Estados Unidos, Peru e Japão, além de Inglaterra e Portugal, que controlavam os portos de Hong Kong e Macau, de onde partiam os cules para a América. Três anos depois, o navio *María Luz* foi forçado a entrar no porto de Yokohama por causa de uma violenta tempestade. As autoridades portuárias japonesas, ao inspecionar o barco, concluíram que era uma embarcação de escravos. Os chineses foram libertados e enviados de volta a seu local de origem. O tsar da Rússia intermediou a questão diplomática e declarou-se favorável ao Japão, sendo o Peru obrigado a assinar o "Tratado de Amizade, Comércio e Navegação" com o governo do imperador Mutsuhito. Antes do fim do século XIX, o Peru daria início à imigração com japoneses; em três décadas, mais de 7 mil imigrantes nipônicos desembarcaram em Lima.

Os chineses também foram contratados para trabalhar nas possessões inglesas da Jamaica e das Guianas (18 mil ao todo) e em Cuba, onde em 1840 quase 80% da mão de obra era de negros africanos escravizados. Com contratos de longa duração e salários baixos, o trabalho de servidão dos chineses "mal se distinguia da escravidão", observou o historiador espanhol Jordi Maluquer de Motes.[79] De qualquer forma, entre 1847 e 1874 cerca de 125 mil chineses foram parar na ilha centro-americana, que só acabou com a escravidão em 1879.

NORTH
ATLANTIC
OCEAN
ASIA
PERSIA
ARABIA
SAHARA
SOUTH
ATLANTIC
OCEAN
AFRICA

5. MERCADORES DE ESCRAVOS

Antes da chegada dos europeus, o comércio de escravos já era desenvolvido na África: vários reinos mantinham cativos e faziam sacrifícios humanos. O tráfico de escravos não fez fortunas apenas na América ou na Europa. Muitos líderes africanos lutaram contra as leis abolicionistas e mantiveram a escravidão até meados do século XX. No Brasil, não eram raros os escravos alforriados que possuíam escravos e atuavam como comerciantes escravistas. Muitos libertos retornaram à África e montaram empresas que alimentavam o tráfico negreiro.

Um dos mais conceituados africanistas do mundo, o historiador estadunidense John Thornton, escreveu que "a escravidão era disseminada e inata na sociedade africana, como era, naturalmente, o comércio de escravos". Os europeus, segundo o professor da Universidade de Boston, simplesmente entraram em um mercado já existente, e os africanos responderam ao aumento da demanda durante séculos fornecendo mais escravos. A amplitude do comércio atlântico só foi possível por ter tido como base a escravidão interna. O britânico Martin Meredith, outro especialista em África, também afirmou que "a escravidão era uma característica comum em muitas sociedades africanas"; que os escravos eram em geral prisioneiros de guerra adquiridos por líderes africanos e usados como mão de obra na construção de feudos e como soldados na formação de impérios. Diversos relatos contemporâneos revelam que agradar reis e homens ricos, os "senhores da guerra", fazia parte das relações comerciais. O tráfico de escravos não fez fortunas apenas na América ou na Europa, fez riqueza na África. Um agente da Companhia Holandesa das Índias Ocidentais revelou, em 1705, que antes que pudessem negociar com qualquer outro mercador, os europeus precisavam comprar "todo o estoque de escravos do rei a um preço fixo; que é geralmente um terço ou um quarto maior do que o normal". Depois, os vendedores de escravos africanos não faziam distinção entre os intermediários com quem negociariam aqueles que consideravam "mercadoria". "Eles atendiam tanto os compradores britânicos quanto os portugueses, além dos árabes, seus clientes tradicionais", observou o pesquisador da Universidade de Oxford Niall Ferguson. Para Thornton, assim como para muitos outros especialistas em África, a teoria de que os africanos foram compelidos a participar sob coerção ou a tomar decisões irracionais é equivocada — embora, por questões humanitárias, ela pareça mais tentadora.[80]

SENHORES DA GUERRA

Com a introdução da cultura do açúcar na América, os africanos negros tornaram-se indispensáveis na lavoura e, ao contrário do que ocorria até então, o trabalho escravo passou a ser o alicerce da economia mundial — pelo menos no mundo ocidental. O mercado interno africano precisou aumentar a demanda. Em três séculos de exploração, a África exportou mais do que o dobro de escravos do que em dois mil anos de tráfico. Na África ocidental, o principal porto a abastecer o Novo Mundo com mão de obra negra foi Luanda, fundada pelos portugueses em 1576. Os lusos avançaram pelo interior do vale do Rio Kwanza na esperança de encontrar minas de prata, mas, sem achar o metal, se deram por satisfeitos com o número de escravos que podiam comprar a baixo custo. No fim do século XVI, estabeleceram um governo colonial na região e deram a ela o nome de "Angola", referência ao título do governante local, *ngola*. Através de Luanda, mais de 2,8 milhões de escravos chegaram à América.

A segunda região exportadora de escravos ficava ao longo do Golfo de Benim, nos portos lagunares de Ouidah (Ajudá ou Uidá), Offra, Jaquim, Popo, Porto Novo, Badagry e Lagos. O território hoje compreende Gana, Togo, Benim e a parte ocidental da Nigéria, mas no século XVII o comércio de cativos era tão intenso que os europeus passaram a chamar o lugar de "Costa dos Escravos". Na década de 1720, vários portos ao longo dessa estreita faixa de terra litorânea foram capturados e anexados pelo reino de Daomé, um Estado aja do interior do continente. Sua capital Abomei (ou Abomé) se tornou um importante centro escravista. A renda anual do rei Tegbesu era invejável até mesmo para os padrões europeus da época, e para manter o monopólio do mercado de escravos, o governante executava comerciantes rivais e assassinava qualquer parente aspirante ao trono. Pela Costa dos Escravos, cerca de 1,2 milhão de cativos deixaram a África no século XVIII, boa parte deles saindo pelo porto de Ouidah. "O comércio de escravos", disse o rei Gezo a um oficial da Marinha Real Britânica, "tem sido o princípio dominante do meu povo. Ele é a fonte de sua glória e riqueza. Suas canções comemoram suas vitórias, e a mãe embala o filho para dormir com notas de triunfo sobre um inimigo reduzido à escravidão".[81] Abolir a escravidão, ele afirmou a outro, "seria mudar a maneira de sentir do seu povo". A própria mãe de Gezo havia sido vendida a mercadores negreiros por seu antecessor, o rei Adandozan. Assim, a rainha Nã Agontimé foi parar no Brasil junto com muitas de suas acompanhantes. Não foi caso isolado. O filho do rei Agaja foi vendido como escravo por Tegbesu. Fruku viveu por mais de duas décadas no Brasil até ser chamado de volta pelo sucessor de Tegbesu, rei Kpengla, seu amigo de infância. Como havia aprendido bem o português, Fruku passou a intermediar as negociações com os comerciantes lusos que chegavam ao porto de Ouidah. (Não era raro, também, que filhos de reis e chefes africanos fossem enviados para estudar em Salvador, no Brasil.)

Os reis daomeanos viviam em vários palácios, todos adjacentes e construídos em Abomei, cercados por um muro de barro vermelho com mais de oito metros de altura e cujas entradas exibiam numerosas caveiras fixadas às paredes laterais. Dentro, havia vários pátios internos, todos ladeados por amplas varandas que serviam como salas de audiência. No palácio do *dadá*, como o rei era chamado, viviam alguns eunucos e milhares de mulheres, suas esposas e serviçais. Até mesmo a guarda real era composta de mulheres, as "amazonas". No quarto do soberano, mais caveiras: o chão era calçado com crânios de reis inimigos vencidos.[82] Cortar cabeças fazia parte de um ritual religioso. Em memória dos ancestrais (e para manter contato com eles), os reis de Daomé realizavam anualmente o *xuetanu* (ou *huetanu*, "costumes"), uma cerimônia macabra que envolvia o uso de entorpecentes, tambores, danças, sacrifício de uma grande quantidade de animais, escravos e prisioneiros de guerra. O explorador inglês Richard Burton presenciou o ritual em visita que fez ao rei Gelele, em 1863. Como embaixador da

Coroa, além de tratar de economia e política, um dos objetivos de Burton era tentar convencer o rei a extinguir o costume. O próprio rei comandou o ritual, e brindou a presença de Burton bebendo em um crânio humano e dando ao visitante duas "taças" de igual procedência. Como o diplomata havia pedido que em sua vista não fossem realizados sacrifícios, o ritual foi interrompido e, à noite, enquanto o inglês dormia, o rei deu seguimento à cerimônia decapitando e castrando nove homens em homenagem às "viúvas reais". Pela manhã, ao acordar, Burton contou, além desses nove, outros 23 mortos e soube depois que, ao fim de cinco dias de celebrações, oitenta pessoas haviam sido executadas — durante o ano, seriam quinhentas, em diversos rituais semelhantes. Os sacrifícios podiam incluir membros da nobreza; durante o reinado de Adandozan, no começo do século XIX, a princesa Sinkutin foi imolada. Quando um rei de Daomé morria, os grandes tributários eram obrigados a entregar para sacrifício quatro escravos, um boi, um pombo, um carneiro, dois patos, duas galinhas e azeite de dendê; ministros e governadores deveriam dar dois escravos, um boi, um cavalo, um carneiro, dois pombos, doze galinhas, doze patos, duzentos búzios e um pano de seda vermelho.[83]

Gravura de um livro de 1793 mostra o xuetanu (ou "costumes anuais"), uma cerimônia macabra que envolvia o sacrifício de prisioneiros de guerra e era realizada anualmente no reino de Daomé. De Ouidah, um dos principais mercados de escravos da África, saíram cerca de 1,2 milhão de cativos no século XVIII.

Reprodução

Cerimônias desse tipo não ocorriam apenas em Abomei. Em 1846, a Igreja da Escócia estabeleceu uma missão com ex-escravos jamaicanos em Calabar, região oriental da Nigéria atual e outro centro importante na exportação de escravos — do delta do Níger e da região do Rio Cross, mais de 900 mil escravos foram despachados para a América. A finalidade principal dos presbiterianos era convencer os chefes locais a abandonar práticas ancestrais, como o sacrifício humano realizado após a morte de um monarca. Em 1850, um grupo de missionários fundou a "Sociedade para a Supressão de Sacrifícios Humanos em Calabar". O rei Eyo Honesty II concordou e a prática foi interrompida quando ele morreu, em 1858. Em muitos outros lugares, no entanto, "os costumes" persistiram por mais tempo.

Outra fonte inesgotável de escravos para a América foi a Costa do Ouro, de onde saíram mais de 1 milhão de escravos ao longo do século XVIII. A região tinha esse nome por causa do ouro e do marfim dali extraídos (atualmente compreende partes da Costa do Marfim e de Gana). O fluxo de comerciantes europeus era tanto que havia 25 fortalezas pontuando o litoral e mais de cem feitorias e entrepostos comerciais ao longo da costa. Por causa de uma dessas fortalezas, a de São Jorge da Mina, na atual cidade de Elmina, em Gana, a região também era conhecida por "Costa da Mina", nome que deu origem aos chamados "negros Mina" ou "minas", que tinham como origem esse entreposto e chegaram em grande número ao Brasil. Por volta de 1705, o comércio de escravos já tinha suplantado o de marfim e ouro, muito porque os akans precisavam vender escravos para financiar a compra de armas de fogo e manter o domínio sobre a região. O fundador do reino axânti Osei Tutu reuniu grupos akans vizinhos, estabeleceu sua capital em Kumasi, no interior, e com armas inglesas e holandesas foi conquistando e subjugando um reino após outro. Os inimigos vencidos eram enviados para os portos do litoral e vendidos. Assim como as vitórias, os reveses também eram frequentes. Em 1718, Aowin invadiu o reino axânti e capturou 20 mil mulheres e crianças para serem vendidas como escravas.[84]

O sequestro de crianças era prática comum em quase todos os reinos africanos. Em 1756, aos onze anos de idade, o menino igbo Olaudah Equiano, também conhecido como Gustavus Vassa, "o africano", foi capturado por uma tribo rival com sua irmã mais nova, no interior da Nigéria. Separados, ele nunca mais a viu. Equiano foi vendido como escravo a um capitão inglês que traficava para Barbados. Mais tarde, ele foi enviado para os Estados Unidos, onde foi comprado por um tenente da Marinha Real Britânica que lhe deu o nome do rei sueco e o fez lutar em um navio durante a Guerra dos Sete Anos. Novamente vendido, dessa vez para um comerciante da Filadélfia, Equiano comprou sua alforria em 1766 e voltou para Londres. Em 1789, ele escreveu uma autobiografia, que iria contribuir com a campanha abolicionista na Inglaterra. "Às vezes", escreveu Equiano, os senhores da guerra "aproveitavam a ausência de nossos pais para atacar e levar consigo tantos quanto pudessem carregar".[85] Mesmo ensinados desde pequenos a estar constantemente em alerta para a ameaça de sequestradores, milhares de meninos e meninas caíram em mãos de mercadores. Somente na primeira metade do século XIX, aproximadamente 775 mil crianças chegaram ao Brasil, quase um terço do total de escravos.

O igbo Olaudah Equiano, também conhecido como Gustavus Vassa, "o africano" (1745-1797). Equiano foi capturado por uma tribo rival no interior da Nigéria e vendido como escravo aos onze anos. Em 1789, ele escreveu uma autobiografia, que contribuiu para a abolição da escravidão na Inglaterra.

Reprodução

Não importando a forma como eram capturados, os cativos eram levados até os portos de embarque, onde eram acomodados em instalações próprias para esse fim. Ali eram alimentados e preparados para a venda, recebendo um banho de óleo (a aparência física era fundamental para um bom negócio). A negociação entre compradores europeus e mercadores africanos era feita de várias formas, moedas e bens de comércio. Na costa da Guiné, a moeda era uma barra de ferro de nove metros de comprimento. Na Costa do Ouro, era uma "onça comercial", uma medida de pó de ouro, ou a "manilha", uma pulseira em forma de ferradura feita em latão ou cobre. Búzios também eram usados, mas o bem mais valioso eram as armas. A Companhia Real Africana da Inglaterra, por exemplo, comprou uma carga de cem homens, mulheres e crianças pagando com vários metros de pano, 21 barras de ferro, cinco mosquetes, 72 facas e meio barril de pólvora. Quanto mais armas de fogo tivesse um reino africano, mais facilmente ele dominaria povos que não as possuíssem. Em muitos casos, depois de comprados, os escravos eram gravados a ferro em brasa com a marca de seus compradores. Ser traficante de escravos "exigia dureza e frio na alma", anotou o africanista e diplomata brasileiro Alberto da Costa e Silva. Quem exercia a profissão estava sempre de chicote na mão; compravam-se e vendiam-se escravos com "a mesma indiferença, ou falta de remorso, aflição ou angústia, com que um empresário contemporâneo despede empregados e despenca famílias na indigência", escreve ele.[86]

TUMBEIROS

Embarcados, normalmente os escravos eram acorrentados em longas cadeias de correntes, em grupos de seis; e de dois em dois, tinham grilhões presos às pernas, para que não pudessem fugir no desembarque nem se jogar ao mar. Jean Barbot, um negociante francês que viajou no *Soleil d'Affrique*, em 1678, observou que era costume separar os gêneros por uma divisória, ficando os homens na parte da frente e as mulheres na de trás.[87] Mantidos no porão, não podiam ver a luz do sol ou o clarão da lua, mas o ar era tão insuportável que era permitido, às vezes, que pequenos grupos circulassem pelo convés. O fedor do porão de um navio negreiro era "intoleravelmente repugnante", escreveu um mercador. O mau cheiro era causado pelo suor de centenas de pessoas amontoadas em espaços exíguos no calor infernal dos trópicos somado ao odor pestilento de vômitos e excrementos — em 1713, uma companhia inglesa estipulou que o espaço por pessoa deveria ser de míseros 150 centímetros de comprimento, trinta de largura e sessenta de altura. O fedor era tal que, mesmo depois de descarregados, e até após terem deixado o tráfico, os navios guardavam o mau cheiro. "A atmosfera de um navio negreiro estava impregnada de medo e ódio", escreveu David Landes. Equiano relatou a experiência da infância: a "situação miserável era ainda agravada pela pungência dos grilhões, agora insuportável; e a sujeira dos sanitários, em que as crianças muitas vezes caíam e quase sufocavam. O grito das mulheres e os gemidos dos moribundos tornavam toda a cena de um horror quase inconcebível".[88] A inglesa Maria Graham, amiga e confidente da imperatriz d. Leopoldina, escreveu em suas memórias que as histórias contadas pelo capitão Finlaison faziam "gelar o sangue acerca dos horrores cometidos". Histórias que fizeram o poeta brasileiro Castro Alves questionar a Deus, em verso, se era delírio ou verdade que pudesse haver "tanto horror perante os céus".

No século XVII, durante a viagem, os portugueses alimentavam os escravos uma vez por dia, com "não mais do que a metade de uma tigela de milho ou farinha de milho ou mingau cru de milho", relatou o jesuíta Alonso de Sandoval. A água também era escassa e a falta dela aumentava a desidratação causada pela diarreia ou pelo vômito provocados pelo enjoo. Os holandeses não eram mais generosos que portugueses ou franceses. Pieter Mortamer escreveu, em 1642, que os traficantes batavos davam aos escravos "um pouco de azeite e um pedacinho de milho cozido"; no entanto, os cativos eram alimentados três vezes ao dia. Segundo Jean Barbot, às vezes as refeições incluíam mandioca, milho, feijão, banha de porco ou toucinho. Nos dois séculos seguintes, criaram-se regras para que não faltasse água e a alimentação fosse regular, o que, obviamente, nem sempre era seguido à risca. Tudo para evitar o grande número de mortes que, do ponto de vista dos financiadores, correspondia a queda nos lucros.

Estimativas recentes acreditam que mais de 1,4 milhão de pessoas tenham morrido entre o porto de embarque e o de desembarque.[89] Nas viagens curtas, de Benim a São Tomé, perdiam-se até 10% dos escravos embarcados. As mortes aumentavam com a travessia do Atlântico, quando os navios negreiros se transformam em "tumbas" — daí serem chamados de "tumbeiros". Em um mês ou mais de viagem, holandeses e portugueses perdiam entre 15% e 20% de seus escravos no trajeto para o Nordeste brasileiro ou para as Antilhas. Em embarcações que transportavam entre trezentos e seiscentos escravos, perdas grandes significavam sessenta ou mais corpos jogados ao mar, motivo pelo qual os tumbeiros eram seguidos por "escoltas" de tubarões. Em casos específicos, havia perdas maiores. Em 1781, o capitão do navio *Zong* jogou ao mar 133 dos 440 escravos que transportava para a Jamaica quando seu navio ficou sem água potável. Vivos e acorrentados! Tudo para não perder o dinheiro do seguro, que não cobria a "morte natural" de escravos. O *Alexander* perdeu 105 de 308 cativos. Quando o navio era atingido por epidemias, como as de tifo, febre amarela, sarampo ou varíola, todos os escravos, e até mesmo a tripulação, podiam morrer. (Uma tripulação que, muitas vezes, estava tão sujeita aos maus-tratos quanto os transportados. Dos cinquenta tripulantes do *Alexander*, na viagem de 1780, somente três não foram açoitados; um apanhou tanto que se jogou ao mar.) Muitas vezes, essas doenças infestavam os portos de desembarque. O Brasil sofreu com epidemias em 1616 e 1617; a Venezuela, em 1620; e a Jamaica, em 1680. Os comerciantes europeus diminuíam os riscos e aumentavam os lucros fazendo o "comércio triangular" — pelo menos até o início do século XIX, quando o carregamento de cativos ainda era permitido: na ida, os navios levavam à África tecidos, metais, bebidas e armas de fogo; depois transportavam escravos até a América e, por fim, retornavam à Europa carregando açúcar, tabaco, algodão e rum.

Sem conseguir fazer o Brasil cumprir os acordos firmados desde 1810 para o encerramento do tráfico de escravos, a partir de 1830 a Inglaterra passou a abordar navios negreiros brasileiros e a prender e processar tanto o proprietário quanto a tripulação por atos de pirataria. Para burlar a lei e a Marinha Real Britânica, a solução encontrada pelos traficantes foi usar em seus barcos bandeiras portuguesas, espanholas, francesas ou norte-americanas. Em 1845, os ingleses passaram a capturar qualquer navio suspeito de transportar escravos.

Pressionado, cinco anos mais tarde o governo de d. Pedro II determinou a extinção do tráfico de escravos no Brasil.

> O brigue *Vigilante*, navio negreiro francês capturado no golfo de Biafra, em 1822. Transportava 345 escravos para a América. O navio foi levado primeiro a Serra Leoa, onde os escravos foram desembarcados, e depois a Plymouth, na Inglaterra, onde a planta com detalhes sobre como os escravos eram transportados foi desenhada por abolicionistas.
> Reprodução

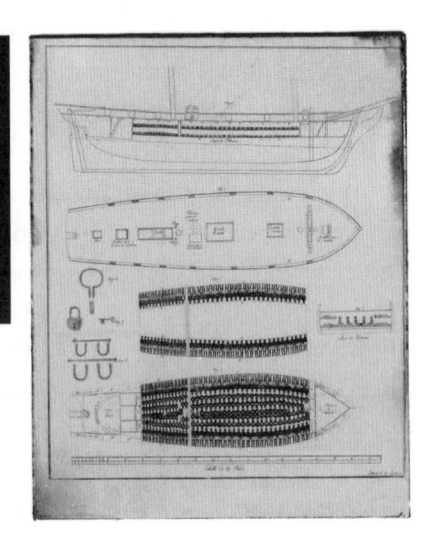

EX-ESCRAVOS ESCRAVISTAS

Desde meados do século XVI tem-se notícia de fugas de escravos e da formação de comunidades de fugitivos no Brasil — o Quilombo de Palmares é o maior exemplo dessa atividade. E como ocorria na África, também na América era comum que escravos negros fugitivos fizessem e mantivessem escravos. Para Flávio dos Santos Gomes, doutor em História Social e professor da Universidade Federal do Rio de Janeiro (UFRJ), a prática existia "como estratégia política, social e militar"; capturar e manter cativos faria parte da "recriação do ritual africano".[90] Além do Brasil, exemplos assim se espalharam pela América Espanhola. Em 1530, um pequeno grupo de escravos africanos fugitivos do Peru conseguiu dominar e escravizar índios nativos. Quinze anos depois, nas proximidades de Cartagena, na Colômbia, o administrador espanhol Miguel Diez Armendaria encontrou um grupo de escravos fugitivos que havia atacado e despovoado a vila de Tafeme. Em Castilla del Oro, atualmente parte dos territórios de Venezuela e Colômbia, uma poderosa comunidade de fugitivos, chefiada por um ex-escravo chamado de "Bayano", tinha suas terras cultivada por índios nativos de Caricuna. Em 1578, após conseguirem sujeitar um povoado de escravos estabelecido nas margens do Rio Piñas, no Panamá, forças espanholas comandadas por Diego de Frias Trejo encontraram várias mulheres nativas que haviam sido capturadas em diversas comunidades contra as quais os africanos haviam estado em guerra.[91]

Manter cativos, porém, não era exclusividade de fugitivos ou quilombolas. Havia escravos alforriados que seguiam a mesma lógica de uma sociedade escravista. O viajante francês Auguste de Saint-Hilaire observou que, no Brasil, "para pintar a pobreza de um homem livre, diz-se que ele não dispõe de ninguém para ir buscar-lhe um balde de água ou feixe de lenha". Assim, sempre que possível, negros libertos também compravam escravos. O historiador João Reis escreveu que "um dos aspectos mais cruéis da escravidão moderna", o tráfico transatlântico "beneficiava inclusive ex-escravos".[92] "Os libertos e livres de cor no Brasil do século XIX não tinham [...] necessariamente interesses antiescravistas", escreveu a antropóloga portuguesa Manuela Carneiro da Cunha.[93] Como qualquer brasileiro da época, assim que possível eles tendiam a investir em bens móveis, joias e, no meio urbano, em "escravos de ganho", como eram chamados os escravos que tinham liberdade de vender ou oferecer serviços nas ruas. Os números falam por si. Na Bahia, entre 1790 e 1826, a pesquisadora Kátia Mattoso encontrou 75 escravos libertos que deixaram bens por testamento; 64 deles tinham escravos. Em um período um pouco mais abrangente (até 1850), Maria Inês de Oliveira encontrou 259 testamenteiros ex-escravos: 202 deixaram escravos como bens (o que corresponderia a 78% do total).[94]

Minas Gerais tinha a maior população cativa do Brasil, e também era a capitania que mais alforriava. Em geral, o número de mulheres que recebiam ou conquistavam liberdade era maior que o de homens. Um senso realizado na comarca de Serro do Frio, em 1738, apontou que elas correspondiam a mais de 60% do total. Como eram consideradas menos perigosas que os homens, as mulheres eram usadas com frequência como escravas de ganho, o que facilitava a compra da própria alforria. Ao morrer em 1747, a africana Joana da Silva Machada tinha trilhado por Pernambuco, Bahia, Rio de Janeiro e Minas Gerais atuando como mascate, o que lhe proporcionou a compra da liberdade. Além de enorme quantidade e variedade de tecidos e roupas, Machada tinha dois escravos e uma menina forra. Também em Minas vivia Bárbara de Oliveira, proprietária de muitas joias, roupas e 22 escravos, em sua maioria mulheres que ela explorava como prostitutas. Não raro as escravas eram libertadas pelos amantes, podendo se tornar esposas informais. A maioria das famílias brasileiras no período colonial vivia em concubinato. Em Minas Gerais, quase 90% das crianças nascidas no início do século XVIII eram ilegítimas, e uma boa parte delas filhas de escravas ou libertas que viviam como concubinas. Um censo realizado em meados da década de 1770 no arraial do Tijuco encontrou 510 residências das quais 229 eram chefiadas por mulheres. Destas, 197 eram negras alforriadas.[95]

Mas nenhum nome ilustrou tão bem a ascensão social de uma ex-escrava quanto o da mineira Francisca da Silva, a "Chica da Silva". Sua vida foi tema de vários livros, documentários e de uma novela, além de enredo de escola de samba.[96] Batizada em 1734 no arraial do Milho Verde, filha da escrava negra Maria da Costa e do português Antônio Caetano de Sá, Chica foi vendida ainda adolescente a Manuel Pires Sardinha. O médico português vivia em mancebia com duas de suas escravas; além de Chica, ele também dividia a cama com a escrava Antônia — o primeiro filho de Chica, alforriado no batismo, nasceu desse relacionamento. Em 1753, o contratador de diamantes João Fernandes de Oliveira comprou e alforriou a mulata. Em um casamento nunca legitimado pelas proibições da época, eles tiveram treze filhos entre 1755 e 1770, quando Fernandes de Oliveira foi obrigado a regressar a Lisboa e lá faleceu nove anos depois sem retornar ao Brasil ou ver a mulher. Todas as filhas do casal estudaram no Recolhimento de Macaúbas, o melhor educandário mineiro da época. Uma se tornou freira e outra se amancebou com o padre Rolim, o falsário de moedas, contrabandista e inconfidente mineiro. As que se casaram receberam uma fazenda cada como herança. Os filhos receberam educação em Portugal, e o primogênito, João Fernandes, herdou o morgado da família na Europa (mais tarde, ao pretender se casar com uma mulher de classe inferior, e sendo ele filho de uma "mulher preta", precisou que a rainha d. Maria I lhe concedesse permissão para que não perdesse os direitos sobre a herança; casou-se e teve dois filhos). Chica da Silva acumulou número considerável de bens, tornou-se proprietária de uma casa na Rua do Bonfim e de mais de cem escravos, quantidade elevada mesmo para os padrões da elite brasileira da época. Quando morreu, em 1796, foi sepultada no corpo da Igreja de São Francisco de Assis, uma irmandade reservada à elite branca.

Muitos escravos que alcançaram a liberdade no Brasil retornaram para a África ou com ela mantiveram laços estreitos. O mulato Domingos José Martins atuou como mercador de escravos entre 1830 e 1860, primeiro em Lagos, com apoio do rei Akitoye, e depois em Porto Novo. O vice-cônsul britânico relatou, em 1851, que em certa oportunidade Martins encomendou da Inglaterra "cinco a seis cofres de prata". Entre seus diversos bens na Bahia, havia 25 escravos.

Os irmãos Jambo atuaram em Lagos e depois em Badagry. Joaquim de Almeida, originário do reino de Mahi e cujo nome africano era Gbego Sokpa, foi escravo na Bahia e depois de livre tornou-se traficante negreiro em sociedade com o ex-senhor na costa africana entre 1835 e 1845. Era proprietário de uma casa e nove escravos em Salvador, além de credor de mercadores em Pernambuco e em Havana, Cuba. Deixou o Brasil para se estabelecer na África, onde foi feito chefe da alfândega entre Aguê e Popô Pequeno pelo rei Glidji; enriqueceu como traficante e fundou a cidade de Atouetá — embora fosse católico fervoroso, era polígamo e pai de 82 filhos. José Francisco dos Santos, o "Zé Alfaiate", também manteve intenso comércio entre os dois lados do Atlântico. João de Oliveira é outro importante mercador de "carne humana". De origem iorubá, foi levado a ferros para Pernambuco, de onde, liberto, voltou ao Golfo de Benim para atuar por mais de três décadas em Porto Novo e Lagos, construindo, às próprias custas, as instalações para o embarque de cativos.[97]

Em Ouidah, reinava absoluto Francisco Félix de Souza.[98] Por meio século esse soteropolitano nascido em 1754 se dedicou ao tráfico negreiro para a América. Afora a data e o local de nascimento, sua origem é desconhecida; é provável que fosse mulato. Também não se sabe como chegou à África pela primeira vez, em 1788, se como guarda-livros do almoxarife e escrivão da fortaleza portuguesa de São João Batista de Ajudá, se como comerciante ou deportado, o que parece ser mais plausível.

Estabelecido definitivamente em Ouidah por volta de 1820, Félix de Souza construiu a casa que ele chamou de *Singbomey*, a "casa-grande assombrada", que servia como um cassino de entretenimento aos comandantes de navios estrangeiros; oferecia belas mulheres, bilhares, roletas, os melhores vinhos, cerveja Guinness, excelentes charutos cubanos e boa comida. Tudo servido em talheres de prata ou ouro, copos de cristal, porcelana chinesa ou inglesa e toalhas de linho. Tal como faziam os nobres brasileiros ou europeus, Félix de Souza mandara confeccionar pratos com seu monograma "FS". Tamanha era sua importância que o rei Gezo o fez "chachá", um título sem precedentes, com *status* de vice-rei de Daomé. Casado com várias mulheres, teve 34 filhas e 29 filhos, que, assim como o pai, sempre se vestiam como europeus: os homens de branco, botas altas e chapéu panamá; as mulheres de vestidos longos e sapatos à moda inglesa. Quase todos mantiveram o comércio de escravos, até mesmo a filha predileta, Francisca, que aos vinte anos já traficava. "Como um brasileiro — pois é assim que o chachá se apresenta — pode justificar levar 140 homens ao rei para ajudá-lo em caças mortíferas de escravos, não posso compreendê-lo", escreveu o comandante britânico Frederick Forbes sobre Isidoro, o filho mais velho e mais rico de Félix de Souza (Isidoro também herdou o "título" de chachá do pai).[99]

Próximo de *Singbomey* ficavam os barracos onde era mantida a sua "mercadoria": até 2 mil escravos que aguardavam ser despachados para a América. Não se sabe quantos barcos o brasileiro tinha para o tráfico, mas é sabido o número que os ingleses tomaram dele: 34. Pelo menos dez de seus navios tinham nomes conhecidos, e um deles, *O príncipe da Guiné*, o chachá comprara nos Estados Unidos. Mas ele também embarcava em navios de terceiros, e contava com agentes em Salvador e em Havana. Era conhecido como "o magistrado dos mercadores de escravos", o "prefeito dos mercadores", o senhor do comércio negreiro em Ouidah. Segundo o príncipe de Joinville, "nada pode passar sem ele, pois é o fornecedor dos fuzis e da pólvora para ir à guerra, e da aguardente para exaltar as amazonas". Quando Félix de Souza faleceu, em 1849, aos 94 anos, embora o *xuetanu* fosse privilégio de reis, o *dadá* ordenou que sete jovens fossem imolados. Uma menina e um menino ainda foram decapitados e enterrados juntos com o mercador brasileiro. Além da própria fortuna, o chachá fizera também a riqueza de Daomé com a venda de escravos.

Quinze anos após a morte de Félix de Souza, 28 brasileiros atuavam como negociantes de escravos em Ouidah, dez deles eram ex-escravos. Na verdade, a comunidade "brasileira" na África já estava bem estabelecida desde as primeiras décadas do século XIX. Entre 1820 e 1868, o governo brasileiro emitiu 2.630 passaportes para libertos. Mas pesquisas recentes estimam ser possível que aproximadamente 8 mil ex-escravos tenham retornado para a África a partir da Bahia, principalmente depois de 1835, com a Revolta dos Malês. Embora alguns tenham se embrenhado pelo interior do continente africano, na tentativa de reencontrar suas origens, a maioria permaneceu no litoral, onde era mais seguro e havia melhores possibilidades de comércio. Boa parte dos libertos se dirigiu para Lagos, na Nigéria, onde se formou a maior comunidade de ex-escravos brasileiros. O retorno às origens, no entanto, não era garantia de que não pudessem ser novamente capturados e reescravizados. Em 1856, quarenta libertos contrataram o capitão Domingo José da Costa para que os levasse de Salvador até Lagos. Em vez disso, a corveta *General Rego*, que os transportava, desembarcou-os à força em Ouidah. Despojados de seus pertences, e sob o pretexto de que eram inimigos do rei de Daomé, os adultos foram executados e as crianças foram conservadas como escravas.[100] Os que chegavam ao destino certo ainda eram extorquidos. Em Lagos, o rei Akitoye cobrava pesado imposto de dez sacos de cauris — uma concha usada como moeda de troca — a cada família que desembarcava vinda do Brasil ou da América Central.

ABOLIÇÃO TARDIA

Liderada por William Wilberforce, a campanha abolicionista na Inglaterra conseguiu que o parlamento aprovasse, em 1807, uma lei que tornava ilegal a participação de comerciantes britânicos no tráfico de escravos. Foi criada inclusive uma unidade da Marinha Real para patrulhar a costa africana e fazer valer a lei, o Esquadrão Britânico da África Ocidental. O porto de Freetown, "a cidade da liberdade", em Serra Leoa, foi transformado em base da esquadra e sede do tribunal do almirantado, responsável por julgar capitães e tripulações aprisionadas e flagradas com cativos a bordo. Tal medida tornou-se motivo para que muitos navios negreiros, quando surpreendidos, jogassem suas cargas vivas ao mar. Entre 1810 e 1865, aproximadamente 150 mil escravos foram libertados em ações da Marinha Real. Entretanto, por mais que os britânicos se esforçassem em reprimir o tráfico, comerciantes na América continuavam a operar e mercadores africanos insistiam em capturar e vender seres humanos.

A partir da década de 1840, a pressão internacional para que governos nos dois lados do Atlântico abolissem a escravidão foi intensificada; o governo inglês passou a exigir dos chefes locais africanos garantias de extinção do tráfico em troca da manutenção do comércio com a Europa, e fazia o mesmo em relação às autoridades na América, principalmente no Brasil. Em muitos casos, houve intervenção política e militar, como a ocorrida em Lagos, na Nigéria, que passou a ser colônia inglesa. Em 1872, o governo britânico impôs a proibição do comércio de escravos nos domínios de Zanzibar, uma cidadela erguida em uma pequena ilha ao largo da costa da Tanzânia, na margem leste-africana, e que recebia anualmente cerca de 20 mil escravos (boa parte por intermédio de comerciantes iaos, da região do lago Vitória). Depois de postergar a decisão por meses, e diante da ameaça inglesa de um bloqueio naval, em 5 de junho de 1873 o sultão Barghash assinou um tratado que abolia o tráfico negreiro na ilha. O cônsul britânico observou que foi a decisão mais impopular tomada pelo sultão: "Todo o seu povo até o último homem estava contra ele", escreveu John Kirk, pois não havia "nem uma casa que não fosse mais ou menos afetada".[101] A autoridade de Barghash foi destruída e a Marinha Real precisou usar da força para sufocar rebeliões de mercadores negreiros em Mombaça, no Quênia, e em Kilwa, na Tanzânia. De todo modo, embora o tráfico fosse proibido, os escravos continuaram a ser utilizados em larga escala para o trabalho nas fazendas e plantações de cravo. Em dois mil anos, mais de 2,9 milhões de escravos haviam sido negociados na costa leste africana, dos quais 769 mil somente durante o século XIX, principalmente nos mercados de Zanzibar e Pemba.

A Tunísia foi o primeiro país africano a abolir a escravidão, em 1846. Ainda assim, o processo só foi consolidado no fim do século XIX. A Mauritânia, o último Estado da África a dar fim ao sistema escravagista, pelo menos legalmente, levou bem mais tempo: somente em 1980.

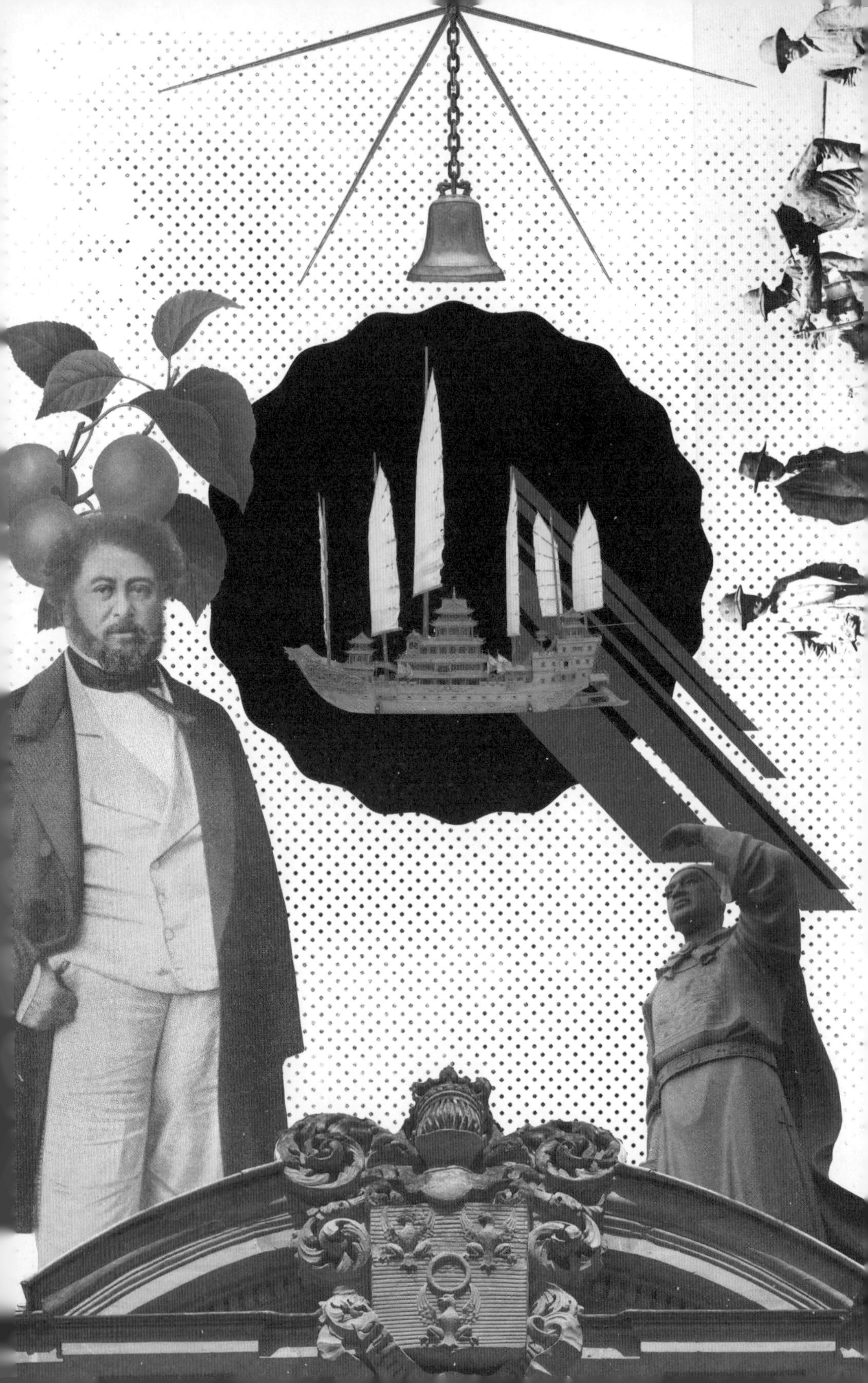

6. O GENERAL, A ESTRELA NEGRA E O EUNUCO

Filho de uma escrava negra, o pai do escritor Alexandre Dumas foi um dos mais celebrados generais franceses de sua época. Ele nasceu na ilha de São Domingos, onde surgiu a primeira república negra do mundo. O escritor Aleksandr Púchkin também tinha um parente escravo: seu bisavô africano foi levado para a Rússia e se tornou "a estrela negra do Iluminismo". Zheng He, capturado e castrado quando criança, tornou-se eunuco de um imperador chinês e um dos maiores exploradores de todos os tempos.

Depois que o corsário e traficante William Hawkins desembarcou na costa da África Ocidental em 1530, a Inglaterra também passou a levar escravos africanos para a Europa. Em 1556, a rainha Elizabeth I chegou a afirmar que havia "mouros" demais no país. Hawkins também traficou na costa brasileira, de onde levou cativo um cacique índio para Londres. Ao longo dos séculos seguintes, a Inglaterra desenvolveu um intenso o tráfico negreiro, assim como Portugal e todas as outras nações que se lançaram à América. Com o tratado de Utrecht, em 1713, os ingleses inclusive passaram a ter o monopólio do tráfico de escravos africanos para o império espanhol.

Uma reviravolta ocorreria em 1767, quando Granville Sharp passou a liderar a campanha contra a escravidão no país. Sharp se envolveu em um caso policial com o escravo Jonathan Strong, que fora trazido de Barbados para Londres e espancado quase até a morte por seu senhor, David Lisle. A liberdade de Strong permitiu que Sharp, então arquidiácono no condado Northumberland, se empenhasse em outros casos, como os de John e Mary Hylas, no ano seguinte, e o de Thomas Lewis, em 1770. A base da defesa de Sharp estava em sua convicção de que a *Common Law*, o "direito comum" inglês, era o bem mais precioso da nação, "a rocha da liberdade" contra a qual se esmagaria a "coisa amaldiçoada" que era a escravidão. Mas foi o caso envolvendo o escravo afro-americano James Somerset, um fugitivo que havia sido recapturado, que permitiu aos advogados de Sharp e à comunidade inglesa se envolverem mais abertamente em um debate com o chefe de justiça do rei, lorde Mansfield. Não era por menos; aproximadamente 15 mil africanos residiam na Inglaterra nessa época, e a escravidão começava a incomodar tanto filósofos iluministas quanto economistas. Embora o veredito de Mansfield não tenha abolido a escravidão — ele apenas negou o direito de um senhor obrigar seu escravo a acompanhá-lo em viagens —, o julgamento realizado em 22 de junho de 1772 repercutiu em todo o mundo como um recuo diante da permissividade da escravatura; foi o primeiro passo dado no caminho da abolição, que ocorreria quase quatro décadas depois.[102]

Na França, as coisas se desenrolaram de maneira diferente, com avanços e recuos. A partir do século XV, navegadores franceses começaram a empreender incursões nas regiões costeiras da África Ocidental, principalmente entre as ilhas de Cabo Verde e o Rio Senegal. Muitos deles levaram consigo negros africanos, como "amostras" e também para vendê-los como escravos. Em 1595, o capitão português Álvares de Almeida constatou que muitos negros na África não apenas falavam francês como haviam estado na França. Durante os séculos seguintes, era comum que negros africanos circulassem pelas ruas das cidades francesas. Observadores contemporâneos notaram a presença deles em cidades como Lyon, Orleans e Paris, geralmente trabalhando como serviçais domésticos ou pajens entre as famílias nobres. Alguns, inclusive, destacaram-se nos campos de batalha, caso dos soldados negros originários da Guiné, do Congo e de Madagascar alistados no chamado batalhão *Saxe-Voluntaires*, "voluntários da Saxônia", criado em 1743 pelo barão alemão Maurício da Saxônia e que serviu à França na Guerra de Sucessão Austríaca (1740-1748) e na Guerra dos Sete Anos (1756-1763).

A França do *Ancien Régime* não tinha um órgão legislativo como o Parlamento inglês. O "parlamento" francês era composto por diversos órgãos judiciários regionais espalhados pelo país, e atuava baseando suas decisões em harmonia com costumes, documentos antigos e resoluções precedentes. Esses tribunais não interpretavam as leis, eles as escreviam. Foi por isso que a partir da década de 1750, durante o reinado de Luís XV, os advogados dos poderosos plantadores de cana-de-açúcar nas colônias francesas na América conseguiram o direito de poder levar seus escravos para a França. Os escravos que chegavam à Europa tinham inclusive o direito de abrir processos judiciais contra seus senhores e até ganhar a liberdade. Um senso de 1762 apontou que a população negra em Paris provinha, em sua maioria, da ilha de São Domingos ou das demais ilhas das Índias Ocidentais; o restante vinha de entrepostos coloniais no Oceano Índico ou na África Ocidental, e uma parcela pequena, da América do Norte. Diferente dos ingleses, os juristas franceses conseguiram "direitos surpreendentemente amplos para pessoas de cor", observou um historiador. Não obstante esses direitos, não se tratava de abolição: escravos continuavam a ser comprados, vendidos e castigados. Nas colônias, os cativos ainda viviam sob *Le Code Noir*, o "Código Negro", de 1685, que determinava o que era ou não permitido a um escravo, como e quando seria punido. Mas um dos artigos da lei abria um precedente importante: embora não fosse permitido que um senhor branco mantivesse relações sexuais com uma escrava (nem recomendável, segundo os preceitos raciais da época), sob certas circunstâncias o código dava liberdade a ela e a seu rebento.[103]

O GENERAL NEGRO

Foi de uma dessas relações — cada vez mais comuns nas Antilhas francesas — que nasceu Thomas-Alexandre Davy Dumas, pai de Alexandre Dumas, o autor de clássicos da literatura como *O conde de Monte Cristo* e *Os três mosqueteiros*; e avô de outro Alexandre, autor de *A dama das camélias*.

Thomas-Alexandre nasceu em 1762, na parte ocidental da ilha de São Domingos. Seu pai era Alexandre Antoine Davy, marquês de la Pailleterie; sua mãe, Marie Cessete Dumas, uma escrava por quem o pai havia pagado uma "quantia exorbitante", provavelmente por sua beleza. Alexandre Antoine havia caído em desgraça após uma briga com o irmão, senhor de engenho em São Domingos, escondendo-se da família e da lei no interior da ilha caribenha e adotando como sobrenome *l'Isle* ("da ilha"). Quando seu irmão morreu, ele reassumiu seu nome verdadeiro e retornou à França para reclamar título e herança. Sem ter dinheiro para pagar a passagem, no entanto, vendeu a esposa, três de seus filhos e penhorou o filho mulato favorito, com o compromisso de resgatá-lo em seguida. (Sem um casamento formalizado e com o nome falso, a esposa e os filhos ainda eram, de fato, escravos.) O marquês cumpriu a promessa e resgatou Thomas-Alexandre, levando-o para a França. Aos quatorze anos, o menino chegou ao porto de Le Havre, em 1776. Em Paris, reconhecido como filho de um marquês, Thomas-Alexandre se tornou oficialmente um conde. Em meio à vida luxuosa que levava como filho de um nobre, estudou filosofia, dança, equitação e esgrima. Uma desavença com o pai, porém, levou-o a se alistar na cavalaria francesa em 1786, sem o título ou o nome de seu genitor, assinando, a partir daí, apenas "Alex Dumas". Para o biógrafo Tom Reiss, o militar Dumas "foi um guerreiro consumado e um homem de grande convicção e coragem moral".[104]

Mas Alex não foi o único negro no Exército francês. Joseph Boulogne era filho de um ministro das finanças do rei da França e de uma ex-escrava negra de nome Nanon. Nascido em Guadalupe, uma possessão francesa nas Antilhas, em 1745, Boulogne foi levado a Paris pelo pai, assim como Dumas, e matriculado na escola de esgrima de *La Boëssière*. Além de exímio espadachim, era também hábil com o rifle e excelente na montaria, o que lhe assegurou um lugar de honra na guarda do rei e o direito de usar o título de *chevalier* ("cavaleiro"), Chevalier de Saint-Georges, como passou a ser conhecido desde então. Além de esgrimista respeitado e premiado em competições por toda a Europa, Saint-Georges também era um músico aclamado, compositor de óperas, sinfonias e concertos. John Adams, mais tarde presidente dos Estados Unidos, em visita a Paris, escreveu em 1779: "O mulato é o homem mais dotado da Europa em equitação, tiro, esgrima, dança e música". Saint-Georges chegou a ser nomeado diretor-geral da Real Academia de Música e diretor da Ópera de Paris.[105]

Em 1792, após a recém-criada república da França declarar guerra à Áustria, Saint-Georges criou um corpo de cavaleiros denominado

Légion Franche des Américains et Du Midi ("Legião Livre dos Americanos e do Sul"), conhecida simplesmente como "Legião Negra", e recrutou Dumas para assumir o segundo posto no comando. A legião era composta por aproximadamente mil homens, dois quais duzentos eram cavaleiros. O então cabo Dumas já alcançara fama na Bélgica, onde se destacara ao aprisionar, sozinho, doze inimigos austríacos em uma ponte em Maulde. Alçado a uma patente superior, Dumas encontrou oportunidade de se casar com Marie-Louise Labouret, uma mulher branca, filha de um estalajadeiro de Villers-Cotterêts. Labouret deu a Dumas três filhos, dos quais um, o mais moço, viria a ser o grande escritor da literatura francesa.

À medida que a França Revolucionária se expandia, derrotando inimigos e conquistando territórios na Europa Central, a fama e a importância de Dumas cresciam. Um ano depois do casamento, em setembro de 1793, aos 31 anos de idade, Dumas foi nomeado general de divisão. Em 1796, ele acompanhou o exército francês na campanha da Itália. Como comandante da 2ª Divisão de Cavalaria, Dumas venceu os exércitos da Áustria em diversas cidades alpinas. Com 1,87 metro de altura, cabelo crespo, cacheado como o dos antigos gregos, "um dos mais belos homens que já se viu" — dizia um jornal da época em Brixen, ao norte de Trento —, Dumas se bateu sozinho com um esquadrão da cavalaria austríaca; cercado por vinte dragões, matou três deles e feriu oito. Seus inimigos o apelidaram de "Demônio Negro". Um oficial prussiano se referiu ele como "o melhor soldado do mundo". Renomado por sua bravura e habilidade com a espada, Dumas era amado por seus soldados e temido por seus inimigos, mas também odiado por muitos de seus superiores por sua insolência e, principalmente, por sua cor. Com seu comportamento crítico e, às vezes, soando desrespeitoso, ele encontrou um poderoso desafeto: o então "cidadão general" e novo comandante do Exército francês, Napoleão Bonaparte. As vitórias continuaram. Depois de derrotar os austríacos na Itália, em 1798 Napoleão se apossou da inexpugnável ilha de Malta, sede dos ricos e devassos cavaleiros hospitalários — apesar dos votos de castidade, a ilha se tornara famosa pela beleza e liberalidade de suas prostitutas. Além de dar proteção aos judeus, o general Bonaparte aboliu a tortura, os privilégios feudais e também a escravidão: mais de 2 mil cativos otomanos foram libertados das galés. Ele organizou escolas, hospitais, correios, impostos e direitos civis. Era um exercício para o que viria a ser o Código Napoleônico, implantado mais tarde na França e na Europa. O passo seguinte foi tomar o Egito em poder dos mamelucos. Mas ao contrário do que ocorrera em Malta, na França e nas colônias francesas na América, no Egito a República não libertou os escravos. O general Dumas se deu conta de que Napoleão talvez não lutasse mais pelos ideais de liberdade e igualdade pregados pela Revolução Francesa. Ali, na África, Bonaparte desejava usar a estrutura existente para explorar as riquezas do país. Em 1798, a elite militar egípcia, formada por escravos desde os tempos de Saladino, chegava a 100 mil homens. O próprio Napoleão, desrespeitando as leis republicanas, chegou a ordenar a compra de 2 mil cativos para serem incorporados às tropas francesas como soldados; a aquisição, no entanto, não foi concluída.[106] Ainda assim, 150 negros africanos foram alistados para formar uma brigada especial que depois seria unida à de outros soldados negros vindos do Caribe. Napoleão também decretou que todos os jovens mamelucos entre oito e dezesseis anos de idade fossem incorporados ao Exército Expedicionário francês, assim como todos os escravos e empregados da mesma idade.

Em 1799, com a frota francesa derrotada pelos ingleses na batalha do Nilo, Napoleão decidiu retornar para a Europa. Ele levou consigo duzentos soldados mamelucos, que lutariam bravamente em Austerlitz e na campanha da Rússia; em Waterloo, restariam 45 deles lutando no Exército francês. O general Dumas ainda permaneceu no Egito por algum tempo, mas teve que deixar o país em uma embarcação civil logo que a situação se mostrou insustentável. Em março, ele deixou Alexandria a bordo da corveta *Belle Maltaise* com destino a Tarento, então parte da República Napolitana, aliada da França. Ao desembarcar, porém, monarquistas haviam retomado a cidade e Dumas foi feito prisioneiro. Era o fim de sua brilhante e meteórica carreira. Coincidentemente, nesse mesmo ano, após ter passado um tempo no cárcere, Chevalier de Saint-Georges morria em Paris. O general Dumas permaneceu preso em uma masmorra italiana por quase dois anos. Quando foi libertado e conseguiu chegar a Villers-

-Cotterêts, em junho de 1801, soube que Napoleão havia liderado um golpe de Estado e comandava o país como primeiro-cônsul.

Pintura equestre do general Thomas-Alexandre Davy Dumas (1762-1806), pai do célebre romancista Alexandre Dumas (1802-1870), autor de *Os Três Mosqueteiros*: o militar era filho de uma escrava negra.

Getty Images

Seu antigo desafeto nunca lhe concedeu a Legião de Honra, alta condecoração destinada aos heróis da pátria, não restabeleceu seu posto nem sua pensão de general. Com Napoleão, a França restaurara a discriminação racial de antes de 1789. O exército não poderia mais ter "homens de cor" no comando, oficiais e soldados reformados não poderiam viver em Paris e nenhum homem negro provindo das colônias poderia mais entrar na França — até as enfermarias dos hospitais teriam que ser segregadas. Além do general Dumas, entre os atingidos estavam os "Pioneiros Negros", um batalhão formado por cerca de oitocentos prisioneiros de guerra de São Domingos e Guadalupe levados à força para servirem na França. Em 1804, Napoleão se autoproclamou imperador. Desiludido, amargurado e na pobreza, o general Dumas morreu em 26 de fevereiro de 1806, aos 43 anos, vítima de um câncer no estômago. A pensão de general nunca foi concedida à esposa; ela e os três filhos passaram a viver na miséria. Em 1912, uma estátua do general foi instalada na Place Malesherbes junto às estátuas do filho romancista e do neto dramaturgo, mas a obra foi destruída pelos nazistas em 1942.

A REPÚBLICA NEGRA: VIVER LIVRE OU MORRER!

Em 1697, o Tratado de Ryswick dividiu a ilha de Hispaniola entre espanhóis e franceses. A parte oriental permaneceu colônia da Espanha (até a independência, em 1822, sendo então denominada de República Dominicana); a região ocidental, chamada de *Saint-Domingue*, "São Domingos", passou a pertencer à França. O café e a cana-de-açúcar cultivados em São Domingos a transformaram na mais importante possessão francesa das Américas. Uma boa parte do açúcar que entrou na Europa nos séculos XVIII e XIX tinha origem nas plantações do lugar. E açúcar significava trabalho escravo. Em 1756, 27 mil cativos negros chegaram à colônia. No ano seguinte, outros 40 mil desembarcaram nos portos da ilha. Ao entrar na última década do século XVIII, mais de meio milhão de escravos viviam em São Domingos.

Em agosto de 1791, influenciados pelos ideais de liberdade e igualdade da Revolução Francesa e liderados pelo ex-escravo e general François-Dominique Toussaint, cognominado *L'Ouverture*, "a abertura", os negros escravos e os libertos se rebelaram. Em um único mês, duzentas plantações de cana foram queimadas e muitos dos proprietários, mortos. Rapidamente o país se transformou em um grande cemitério, um amontoado de cinzas e escombros; "a guerra verteu rios de sangue", afirmou o escritor uruguaio Eduardo Galeano. A revolta deu início a uma longa e furiosa luta pela abolição e pela separação da França que assombrou até mesmo os que defendiam a independência. Francisco de Miranda, um dos líderes dos movimentos libertários na América Espanhola, pediu a Deus que não permitisse que outros países sofressem o "mesmo destino de São Domingos, palco de carnificinas e de crimes, cometidos sob o pretexto de instaurar a liberdade". Ao desembarcar na ilha, em 1806, antes de se dirigir à Venezuela, ele foi incentivado a "cortar cabeças e queimar propriedades".[107]

Em agosto de 1793, em meio ao conflito, a escravidão foi abolida por Léger-Félicité Sonthonax, um comissário francês enviado para debelar os revoltosos. Na França, desde junho, cinco oficiais da Legião Negra haviam submetido à Convenção Nacional uma petição de alforria para todos os escravos franceses, estivessem eles na Europa ou nas colônias. Pelas ruas, um grupo carregava uma faixa com os dizeres: "Direitos do homem e dos cidadãos de cor: viver livre ou morrer". Em fevereiro de 1794, uma delegação de São Domingos chegou a Paris. Era composta pelo senegalês e ex-escravo Jean-Baptiste Belley, o mulato de São Domingos Jean-Baptiste Mills e Louis-Pierre Dufay, um francês branco. Dufay fez um discurso inflamado à Convenção, que por aclamação aboliu a escravatura, o primeiro governo na história a fazê-lo.

Quando Napoleão tomou o poder na França, porém, decidiu que precisava da riqueza de São Domingos e enviou tropas para reconquistar a ilha e restaurar a escravidão. Então despachou seu cunhado, o general Leclerc, para acabar com o exército de Toussaint. Leclerc tinha um trunfo: os dois filhos do líder negro, que estudavam na França. Toussaint foi emboscado, preso e enviado a ferros para Paris, onde morreria dois anos depois, sem voltar à América. Enquanto isso, em 1802, Leclerc escrevia para Napoleão: para vencer seria "preciso suprimir todos os negros das montanhas, homens e mulheres, conservando as crianças menores de doze anos, exterminar a metade dos negros da planície e não deixar na colônia nem um só mulato que use farda".[108] Os franceses cometeram todo tipo de crimes, incluindo o assassinato de prisioneiros negros asfixiados por meio da queima de enxofre nos porões dos navios estacionados em Porto Príncipe. Em Guadalupe, todos os negros pegos vestindo uniformes foram assassinados. Um grupo de aproximadamente trezentos rebeldes, homens e mulheres, foi cercado na encosta do vulcão La Soufrière. Todos cometeram suicídio, explodindo contra si mesmos a pólvora que restara — incluindo seu líder, coronel Louis Delgrès, que servira com Alex Dumas na Legião Negra. Apesar de tudo, os escravos de São Domingos (e a febre amarela) derrotaram Leclerc, que perdeu 40 mil soldados, mais da metade de suas forças. Envolvido em uma guerra na Europa, Napoleão foi obrigado a abandonar a ideia de subjugar novamente São Domingos.[109]

Em 1804, o novo líder rebelde e também ex-escravo Jean-Jacques Dessalines proclamou a liberdade da primeira república negra do mundo. O novo país passaria a se chamar Haiti — de *Ayiti*, "terras montanhosas" em aruaque, a língua falada pelos índios taínos, que habitavam a ilha antes da chegada dos europeus. Ao se sentar para redigir o documento mais importante da nova nação, o secretário de Dessalines, Louis Boisrond-Tonnerre, anotou: "Para escrever a Ata de Independência precisamos da pele de um branco por pergaminho, seu crânio por escrivaninha, seu sangue como tinta e uma baioneta como pluma". Isso bastou para que a desforra fosse completa; os negros executaram sistematicamente toda a população branca, "desde velhos na cama até bebês de mama", escreveu David Landes.[110] Ao todo, entre 160 mil e 350 mil pessoas morreram durante a Revolução de São Domingos. Dois anos depois, Dessalines foi assassinado e o país se dividiu entre Henri Christophe e Alexandre Pétion. Christophe se autodeclarou rei e ordenou a construção do palácio de *Sans Souci*, inspirado no palácio de Frederico, o Grande, da Prússia. Com apoio do senado, Pétion, por sua vez, se elegeu presidente e manteve o poder em parte do país. O Haiti seria reunificado em 1820, com o suicídio de Christophe. A França só reconheceu a independência de sua ex-colônia em 1825, depois de exigir um vultoso ressarcimento financeiro.

A ESTRELA DO ILUMINISMO

O poeta Aleksandr Púchkin estudou no liceu do tsar em Tsárskoie Seló, em São Petersburgo, frequentou os salões da nobreza russa, viajou por lugares distantes, viveu aventuras amorosas e seduziu inúmeras e belas mulheres. De cabelos negros e crespos entre uma população tradicionalmente loura, além do charme, Púchkin ganhou fama pela irreverência e ousadia com que atacava seus desafetos, fossem eles quem fossem — por escrever poemas ultrajantes sobre Alexandre I, "o déspota errante" dono de um "traseiro gorducho", quase foi parar no exílio da Sibéria. O título de pai da literatura russa moderna, no entanto, só veio com o brilhantismo de obras como *Ruslan e Ludmila* — poema romântico que o lançou ao mundo literário —, *O prisioneiro do Cáucaso, Eugenio Onegin, Boris Godunov* e *A filha do capitão*.

O pai de Púchkin descendia de uma antiga família de boiardos, a aristocracia russa. Sua mãe, a origem de sua "aparência exótica", era neta do general Gannibal, "o negro de Pedro, o Grande". Sobre o ancestral materno, Púchkin começou a escrever uma biografia em prosa em 1827, mas o manuscrito foi deixado de lado e nunca concluído. Gannibal é um personagem ímpar na história russa, embora seja menos conhecido e lembrado que o bisneto famoso. Seu local de nascimento continua sujeito a especulações por parte de historiadores modernos. A única fonte confiável disponível é uma carta escrita em 1742 à tsarina Isabel da Rússia, filha de Pedro, o Grande, em que Gannibal mencionou a cidade de "Logon" como seu local de nascimento. No século XIX, o antropólogo russo Dmitry Anuchin associou a palavra a um lago no antigo reino Medri Bahri, entre a Abissínia (Etiópia) e a Eritreia. Mais tarde, já durante o século XX, Vladimir Nabokov afirmou que "Logon" seria referência a uma região da África equatorial, ao sul do Lago Chade, habitada por negros muçulmanos. Mais recentemente, o historiador Dieudonné Gnammankou confirmou a teoria de Nabokov, defendendo que Gannibal se referia a Logone, capital do antigo reino de Kotoko, hoje Logone-Birni, localizada no extremo norte de Camarões, quase na África saariana.[111] A Etiópia, no entanto, continua a requerer o direito de ser tida como o país de origem dos ancestrais de Púchkin.

O que se sabe com razoável grau de certeza é que ele nasceu por volta de 1696, era filho de um príncipe ou de um chefe local africano e que foi capturado com um irmão no verão de 1703; levado como escravo para Trípoli, foi depois enviado para a capital do império otomano a fim de servir ao novo sultão Ahmed III. Na época, o embaixador russo em Istambul era Petr Andreevitch Tolstói, curiosamente ancestral de outro famoso escritor russo, Léon Tolstói. Na cidade também se encontrava Savva Vladislavich, emissário de Pedro, o Grande. Além de espionar os turcos, o ministro do Exterior russo Gravil Golóvkin dera ordens ao diplomata para que encontrasse "alguns escravos africanos inteligentes" que pudessem ser levados à Rússia, como entretenimento para o tsar, conhecido pelo amor ao exótico. Pedro foi um grande líder militar e também um hábil administrador, sendo considerado o fundador da Rússia moderna. Era dado a bebedeiras e banquetes orgiásticos, mas criou e reorganizou diversas leis ancestrais, mudou costumes, patrocinou escolas e promoveu a industrialização do país. Em 1697, o tsar iniciou uma viagem de dezoito meses pelo Ocidente, trabalhando sob o disfarce de carpinteiro em estaleiros europeus, com o objeto de aprender ele mesmo a arte naval. O costume de manter pajens negros na corte russa, fossem abissínios ou núbios, se manteria até a queda dos Románov, em 1917.

Enquanto Tolstói estava em viagem, fora de Istambul, Vladislavich, que o substituía como embaixador, escolheu três jovens entre sete e nove anos de idade que viviam como escravos do sultão, Gannibal e o irmão entre eles. Aproveitando o *status* de seu posto, ele subornou o vizir e os "mouros negros" puderam acompanhar o diplomata em sua viagem de volta a Moscou. Somente os dois irmãos chegaram à capital em novembro de 1704; o outro menino morrera de varíola durante o percurso. Mas naquela oportunidade Pedro estava em campanha contra os suecos, em Narva, na atual Estônia. Então Gannibal e o irmão foram levados para a casa do conde Fiódor Golovin (que servia ao tsar como marechal de campo e almirante-general), onde provavelmente ocorreu o primeiro encontro entre Gannibal e Pedro. O tsar surpreendeu-se com o talento e a excepcional inteligência do menino e anteviu para ele um futuro militar brilhante. Alguns meses depois, Gannibal foi batizado na Igreja de St. Paraskeva, em Vilnius, na atual Lituânia, como Abram Petróvitch. O próprio Pedro foi o padrinho — por isso *Petróvitch*, o "filho de Pedro". A partir de então Gannibal passou a acompanhar o tsar em campanhas militares, servindo-o como criado. Seu irmão desapareceu da história; provavelmente morreu logo depois de ter chegado à Rússia.

Pintura de Gustav von Mardefelt (1664-1729), diplomata prussiano na Rússia, mostra Pedro, o Grande (1672-1725) e Abram Petrovitch Gannibal (1696-1781), bisavô do escritor Aleksandr Púchkin, considerado o pai da literatura russa moderna. Capturado na África, Gannibal foi levado como escravo para a Rússia. Apadrinhado pelo tsar, estudou em Paris, onde foi chamado de "estrela negra do iluminismo".

Reprodução

Aos vinte anos de idade, Gannibal tinha viajado com Pedro por Holanda e França e já se destacava por ser fluente em várias línguas e pela habilidade com os cálculos em matemática e geometria. Como era característico do monarca russo — que financiava o estudo de seus nobres e assessores para a modernização do país —, em 1717 Gannibal foi enviado a Metz, na França, para receber uma educação em belas-artes e na arte da guerra. Dois anos depois, matriculado na Academia de Artilharia Real em La Fère, onde estudou artilharia e engenharia de fortificações, ele se alistou no Exército francês para um período de estágio, ampliando o aprendizado como engenheiro militar. Nesse meio-tempo, França e Espanha entraram em guerra por territórios na Itália e pelo direito de sucessão ao trono francês, requerido pelo rei Felipe V. Durante uma batalha na Guerra da Quádrupla Aliança, Gannibal foi ferido na cabeça, capturado pelo exército espanhol e preso na fortaleza de Fuenterrabia. Ele foi libertado e, em 1722, retornou aos estudos em Metz. A experiência na guerra lhe valeu o posto de capitão. Foi durante a temporada na França também que o jovem adotou o sobrenome "Gannibal", homenagem ao general cartaginês Aníbal, célebre pela campanha militar contra Roma, na Antiguidade. Em Paris, o afilhado de Pedro fez amizade com Montesquieu e Voltaire, que teria alcunhado Gannibal de "a estrela negra do Iluminismo" — o que é contestado por alguns historiadores. De qualquer forma, seu biógrafo Hugh Barnes afirma que Gannibal foi o primeiro general — e o primeiro intelectual — negro da Europa.[112]

De retorno à Rússia, a formação de Gannibal permitiu que ele se candidatasse e obtivesse o posto de engenheiro e professor de matemática em uma das unidades da guarda privada do tsar. Em 1724, o tsar o enviou para Riga a fim de organizar as defesas da cidade. No ano seguinte, no entanto, Gannibal foi surpreendido com a morte de Pedro, e dois anos depois, com a de Catarina I, seus benfeitores. Sem apoio na Corte, que desde a morte da tsarina estava sob a influência do príncipe Alexandre Danílovitch Ménshikov, seu desafeto, Gannibal caiu em desgraça. Em 1727, foi enviado para o exílio, na Sibéria, acusado de conspirar contra Ménshikov. Foram três anos difíceis, que ele usou para construir uma fortaleza e liderar vários projetos de construção em uma região inóspita.

Ao voltar do degredo, em janeiro de 1731 ele se casou com Evdokia Dioper, uma mulher de origem grega. O casamento sempre foi problemático, e as suspeitas de adultério acabaram quando ela deu à luz uma menina branca. Gannibal pediu o divórcio, que só foi formalizado em 1753 — ele precisou pagar multa e fazer penitência, ao passo que Dioper foi enviada para um convento. Enquanto o divórcio não saía, Gannibal passou a viver com Christina Regina von Schöberg, filha de um capitão sueco de família nobre. Mesmo sem permissão, eles se casaram em 1736, um ano após o nascimento do primeiro dos sete filhos que o casal teria. Um deles, Óssip Abramóvitch seria o pai de Nadezhda, a mãe de Aleksandr Púchkin.[113]

Quando Isabel — a filha de Pedro, o Grande, e Catarina I — destronou Pedro IV e se tornou tsarina, em 1741, Gannibal foi reintegrado à aristocracia e ascendeu na hierarquia política, militar e diplomática; recebeu os postos de major-general e comandante-chefe de Reval (hoje Tallinn, na Estônia), cargo que ocupou de 1742 a 1752. Gannibal recebeu ainda a Ordem de Santo André e uma propriedade com 806 servos em Mikhailovskoe, na província de Pskov, às margens do Lago Pihkva, trezentos quilômetros ao sul de São Petersburgo — nesse local Púchkin nasceria quase seis décadas depois.[114] O ex-escravo africano havia se tornado um nobre russo dono de escravos. Foi nessa época que Gannibal escreveu uma carta à tsarina mencionando seu lugar de origem; ele pedia permissão para usar um brasão de nobreza. Além de um elefante no escudo, a divisa continha a misteriosa sigla "FVMMO". Em uma biografia sobre o bisavô de Púchkin, Barnes afirma que, ao consultar o sultão de Logone-Birni — o provável local de nascimento de Gannibal, segundo pesquisas de Gnammankou —, a tradução na língua local seria "pátria". A historiadora Frances Somers-Cocks contesta essa interpretação; ela acredita que FVMMO é a abreviatura da expressão latina *Fortuna Vitam Meam Mutavit Oppido*, "A fortuna mudou minha vida na cidade", em uma versão livre.[115]

Chamado de volta à corte, em São Petersburgo, Gannibal se retira para Suyda, uma propriedade a cerca de sessenta quilômetros da capital. Em 1759, foi promovido a general, sendo um ano depois condecorado pela tsarina com a Ordem de São Alexandre Nevsky. Esse foi o ápice de sua carreira militar. Em 1762, o tsar Pedro III, que o odiava, dispensou seus serviços. Gannibal ainda viveu mais duas décadas, falecendo em 20 de abril de 1781 de uma "doença craniana", provavelmente ainda resultado do ferimento de 1719.[116]

O EUNUCO DAS TRÊS JOIAS

Os babilônios teriam sido os primeiros a castrar meninos para que se tornassem eunucos e servos palacianos, há cerca de 5 mil anos. Na Antiguidade Clássica, a prática foi mencionada por Homero: na *Odisseia*, o herói grego Ulisses puniu o pastor de cabras Melântio cortando-lhe o nariz, as orelhas e a genitália, que foi jogada aos cães.

Segundo Xenofonte, que além de general foi também historiador e filósofo grego, o costume teria sido introduzido na Pérsia por Ciro, o Grande. Em Roma, os eunucos eram classificados em três categorias: os *castrati*, que tinham tanto os testículos quanto o pênis retirados; os *spadones*, que eram parcialmente mutilados; e os *thilibiae*, que tinham os testículos esmagados. (Os termos castrado e castração têm origem na palavra sânscrita *sastram*, "faca".)[117] Os eunucos eram usados tanto para vigiar as mulheres nos palácios e haréns quanto como objeto sexual. (A origem do termo vem do grego *eunoukhos*, "guarda da cama".) O imperador romano Nero tinha apreço especial pelo eunuco Sporus. E até mesmo a imperatriz chinesa Cixi apaixonou-se por um capado, An Dehai, conhecido como "An Pequeno". A emasculação para fins musicais também era muito difundida, principalmente na Itália dos séculos XVII e XVIII. Embora a Bíblia condenasse a castração, afirmando que um emasculado não entraria na "assembleia do Senhor" (Deuteronômio, 23:1), a Igreja Católica formou cantores em conservatórios e usou castrados nos coros de igrejas até o início do século XX — eram os *castrati*, que, embora com o mesmo nome, diferiam dos romanos antigos, pois tinham apenas os testículos extraídos, sempre entre os sete e os doze anos de idade, para que mantivessem a voz angelical e atuassem com entonação feminina.

Na China, homens castrados eram usados na corte imperial desde o primeiro milênio antes de Cristo. Mas sempre foram vistos com repulsa. O imperador Kangxi, no século XVIII, chamou-os de "seres ínfimos e abjetos, mais vermes e formigas do que homens", e seu neto Qianlong, o quarto imperador Qing, afirmou "que ninguém é menor ou mais baixo do que esses camponeses estúpidos".[118] Prisioneiros de guerra e criminosos eram frequentemente castrados, mas a corte chinesa era abastecida tradicionalmente por eunucos castrados em Wanping, próximo a Pequim. A razão para isso era a extrema pobreza em que viviam os camponeses. Na esperança de que levassem uma vida melhor estando junto à nobreza, os pais levavam seus filhos a um especialista, que atuava com permissão da corte. Um contrato que eximia o castrador de toda a responsabilidade em caso de morte ou insucesso era assinado e a operação dolorosa era realizada. O preço da castração era alto e seria pago com os ganhos futuros do eunuco — se sua posição permanecesse baixa, ele podia levar anos para pagar a dívida. Não raro, os próprios pais castravam os filhos, quando não o barbeiro da aldeia. Uma estimativa atual é de que até 80% dos operados morriam em função das hemorragias e infecções. Os que sobreviviam eram conduzidos à corte, para levar uma vida de humilhações — embora, provavelmente, melhor que a da maioria da população. Um problema de saúde comum entre os eunucos era incontinência urinária, resultado da castração, que os obrigava a usar fraldas ininterruptamente, uma situação que piorava à medida que envelheciam.

Depois que entravam para os palácios, os eunucos ficavam presos a eles, não tendo mais permissão para sair. Os castrados trabalhavam na limpeza dos milhares de cômodos, nas cozinhas, na administração, como assessores e até mesmo servindo aos caprichos sexuais do imperador. Estavam sujeitos a todo tipo de punição, incluindo a morte por espancamento, por qualquer deslize cometido. Último imperador da China, Pu Yi relatou que a imperatriz Cixi espancou até a morte um eunuco que ousou vencê-la no xadrez, e quase fez o mesmo com outro que encontrou um fio de cabelo solto no pente.[119] Outra função destinada aos eunucos era a guarda do harém, conjunto de aposentos onde eram mantidas as esposas e concubinas do imperador. Só homens castrados podiam trabalhar como servos pessoais do imperador e ter acesso aos recintos das mulheres; homens "normais", incluindo parentes do monarca, eram terminantemente proibidos de se aproximar desses lugares, sob pena de morte. No fim da dinastia Ming, no século XVII, havia 70 mil eunucos servindo na corte chinesa.

O imperador Zhu Di, o terceiro da dinastia Ming, tinha 2 mil mulheres em seu harém, e seu mais influente eunuco era Zheng He, conhecido por *San Bao*, "O Eunuco das Três Joias".[120] Nas dobras de sua veste de seda branca, o Grande Eunuco mantinha um pequeno cofre cravejado de pedras preciosas em que ele guardava os restos murchos de seu pênis e seus testículos. O pequeno artefato com o *pao*, "tesouros da masculinidade", o acompanharia depois da morte, quando ele voltaria a ser um homem completo. Todo eunuco guardava seus genitais, mesmo que de maneira mais simples; apenas prisioneiros de guerra ou criminosos castrados não tinham esse direito.

Zheng He nasceu em 1371, em Kuan Ming, uma fortaleza mongol na província de Yunnan, no sudoeste da China; era de etnia hui e muçulmano. Quando a cidade caiu em mãos do exército Ming, em 1382, toda a população foi massacrada, com exceção dos jovens impúberes. Estes foram castrados e levados para servir no exército imperial ou como servos do imperador Hong Wu. Assim, Zheng He foi designado para a família de Zhu Di, que não era o sucessor ao trono, mas o tomou à força em 1402, auxiliado por sua guarda pessoal de eunucos comandada pelo fiel Zheng He — que apesar de castrado era soldado habilidoso e uma figura imponente (tinha dois metros de altura, pesava mais de cem quilos).

Em 1404, Zhu Di decidiu transferir a capital de Nanquim para Pequim, levando à força 10 mil famílias para o povoamento da região. A fim de construir o conjunto de palácios que serviria de residência ao imperador, a Cidade Proibida, um enorme contingente de artesãos e trabalhadores braçais foi empregado, aproximadamente 1 milhão de pessoas — outros 3 milhões atuaram de forma indireta. E não menos do que meio milhão de soldados foram mobilizados para que o trabalho corresse como planejado. Em fevereiro de 1421, durante o Ano Novo chinês, a nova capital foi inaugurada com a presença de 26 mil convidados, representantes de governos de várias partes do mundo. Quando os festejos se encerraram, em março, o almirante Zheng He anunciou ao imperador que quatro grandes frotas estavam preparadas para partir. Desde 1407, o Grande Eunuco vinha organizando escolas, cientistas, técnicos, portos e embarcações, realizando viagens e expedições para lugares cada vez mais distantes.

Os comandantes Hong Bao, Zhou Man, Zhou Wen e Yang Qing, todos eunucos, servos fiéis de Zhu Di desde a tomada do poder, tinham como missão mapear o globo inteiro, não deixando de negociar e fazer novos Estados tributários para a China. Eram trezentos navios, mais de 30 mil marinheiros, além de astrônomos, matemáticos, engenheiros, intérpretes, botânicos, cozinheiros, médicos e, claro, centenas de concubinas. Cada nau capitânia media 146 metros de comprimentos por 55 metros de largura; tinham à proa olhos de serpentes para espantar os maus espíritos e milhares de flâmulas, nove mastros e grandes velas em seda vermelha. Os almirantes tinham camarotes especiais, e outros aposentos similares eram destinados a embaixadores do imperador — cada embaixador tinha dez assistentes e 52 eunucos como secretários. Somente o leme de um desses navios tinha onze metros de altura, quase o comprimento da *Niña*, uma das caravelas de Colombo, cuja nau capitânia, a *Santa Maria*, tinha apenas 23 metros de comprimento por sete metros de largura.[121]

Pelo menos seis viagens transoceânicas foram organizadas por Zheng He. Os navios chineses alcançaram todos os portos do Oceano Índico; na costa leste africana, teriam circundado o Cabo da Boa Esperança (65 anos antes de Bartolomeu Dias), atravessado o Atlântico e chegado à Terra do Fogo, ao Brasil e à América Central (sete décadas antes de Colombo). Um dos almirantes de Zheng He, depois de cruzar o Pacífico, teria chegado à Austrália (quase 350 anos antes de o primeiro inglês pôr os pés na ilha). Outro oficial teria chegado à América do Norte e retornado à China depois de passar pela Groenlândia, pela costa norte da Sibéria e pelo estreito de Bering (305 anos antes do próprio Bering).

Em 1424, o imperador Zhu Di morreu e todas as expedições foram suspensas; as embarcações, assim como a documentação a respeito das viagens, foram destruídas. Um decreto proibiu a construção de grandes navios. A história de Zheng He permaneceu desconhecida por quase seis séculos. Os emasculados deixaram de servir aos soberanos chineses somente em 1924, quando o último imperador Qing foi expulso da Cidade Proibida e os eunucos se dispersaram. Sun Yaoting, o último deles, morreu em 1996, aos 94 anos.

THE UNITED STATES OF AMERICA
ONE HUNDRED DOLLARS
WANTED
FIRST

7. ESCRAVIDÃO SEXUAL

Capturadas e levadas para haréns, abusadas e trocadas como mercadoria, as mulheres sempre estiveram entre as principais vítimas das guerras. Nos conflitos do Oriente Médio de hoje, milhares são mantidas como escravas sexuais. Em muitos países da Ásia e da África, elas sofrem todo tipo de abuso e estão sujeitas a práticas ancestrais de mutilação dos órgãos genitais ou a rituais sexuais humilhantes. O tráfico e a exploração sexual envolvem bilhões de dólares anualmente, atingindo mais de 2,5 milhões de mulheres em todo o mundo.

As mulheres sempre foram uma presa valorizada como butim de guerra — quando não a própria causa da guerra. Tribos primitivas na Nova Guiné, no Equador e no Brasil ainda têm como principal causa de conflitos tribais comida e mulheres férteis. Algumas tribos africanas, como os *dinkas* do Sudão, não fazem escravos; matam quase todos os seus inimigos, incluindo crianças e mulheres idosas, menos as mulheres jovens, que são levadas e forçadas ao casamento. Os ianomâmis brasileiros fazem o mesmo. Dois episódios da civilização ocidental clássica talvez sejam mais ilustrativos: a mitológica Guerra de Troia teve início com o sequestro de Helena, esposa do rei espartano Menelau, por Páris, filho do rei troiano Príamo; e entre as histórias lendárias sobre a fundação de Roma está a do rapto das mulheres sabinas e latinas, levadas como esposas pelos homens romanos após um banquete oferecido por Rômulo, o gêmeo fratricida.

O HARÉM DO SULTÃO
Na história universal, quando o tema é sexo ou exploração sexual, uma das instituições mais conhecidas é o harém. Como visto ao longo dos capítulos anteriores, além das civilizações da Antiguidade, diversos governantes muçulmanos e chineses mantiveram haréns até o começo do século XX.

Para a sociedade islâmica, entre os considerados "inferiores" (o escravo, o infiel e a mulher), a pior situação era a das mulheres.[122] Escravos e infiéis podiam mudar sua situação, por ascensão social, influência política ou conversão religiosa. Apenas a mulher não tinha escolha. Embora algumas tenham usado sua beleza e habilidade sexual para manipular o governante, seu destino era ser filha, irmã, mãe, esposa ou concubina. Uma escrava solteira estava sempre à disposição carnal do senhor; a mulher livre que tivesse escravos não dispunha deles legalmente. A mulher, enfim, não tinha direitos próprios, o que, aliás, se mantém em muitos países muçulmanos até hoje. Situação análoga ocorria na China.

Desde o início da expansão do islã, no século VII, haréns surgiram em quase todas as cidades muçulmanas importantes, da Espanha à Índia. A palavra harém tem origem na expressão *Haram-Beit el Harim*. Em árabe, *beit* significa "casa", e *harim*, "mulheres", ou seja, "casa de mulheres". E como *haram* expressa o sentido de algo que não é permitido, considera-se proibido (e pecado) que um estranho entre no recinto reservado às mulheres. Um dos mais famosos haréns foi o de Topkapi Saray, "O Palácio do Portão Canhonado", em Istambul, onde viviam mais de 20 mil escravos, dos quais 4 mil atendiam diretamente os aposentos do sultão, o serralho. Topkapi foi construído em 1460 por Maomé II, o Conquistador, em um promontório alto, com vista para o Corno de Ouro, o Estreito de Bósforo e o Mar de Mármara. Na década de 1540, o harém foi ampliado por ordem de Suleiman, o Magnífico, para receber mais mulheres. A própria Istambul foi majestosamente ornamentada com vários edifícios públicos, escolas, hospitais e a mesquita de Suleimaniye. Todas as construções eram projetos do arquiteto Sinan, "o Arquiteto da Morada da Felicidade", um escravo cristão capturado durante uma "colheita" realizada pelos janízaros.

Todos que trabalhavam no harém eram eunucos. E como a lei islâmica proibia a mutilação e a castração, eles eram comprados em centros produtores de eunucos, nas margens do Mar Cáspio, nos Bálcãs, em Praga, Verdun ou até mesmo em mosteiros cristãos. Em alguns casos, muitos escravos eram castrados logo após serem aprisionados, antes de entrarem em território muçulmano. Abasteciam o harém escravas de todas as origens étnicas. Eram compradas ou capturadas em grande número para servir de concubinas e criadas. Uma região, em especial, proveu os haréns do mundo muçulmano: a Circássia, uma estreita faixa de terra às margens do Mar Negro, entre a Geórgia atual e a Crimeia. Aldeias circassianas foram sistematicamente atacadas pelos otomanos ao longo dos séculos para a captura de mulheres louras, de olhos claros e pele branca. A admiração e o culto a elas dispensados eram tais que na Europa do século XIX circassiana era sinônimo de beleza. Uma escrava negra custava entre 1.500 e 2.500 piastras; ou 5 mil, se fosse extraordinariamente bela. Mas se fosse branca e "sem defeitos", podia custar entre 10 mil e 15 mil piastras, e se fosse bela e educada valia mais de 45 mil. Mas havia séculos que mulheres das estepes eurasiáticas e do Cáucaso eram negociadas como escravas sexuais. Ibn Fadlan, embaixador do califado abássida junto aos vikings estabelecidos às margens do rio Volga, escreveu em 922 que eles mantinham belas jovens destinadas ao comércio escravo e com elas mantinham relações ao olhar de todos, não raro em grandes grupos: "Um comerciante que chega para comprar uma escrava pode ter que esperar e observar enquanto o Rus [viking] conclui o ato sexual com ela".[123]

Algumas escravas recebiam educação, podiam se tornar cantoras, instrumentistas e dançarinas — as famosas odaliscas. As que se destacassem por sua beleza e inteligência podiam ascender na hierarquia do harém: na base, estavam as noviças; acima delas, as privilegiadas, as favoritas e, em número bem pequeno, as afortunadas. Se uma afortunada gerasse um filho do sultão, ganhava o título de princesa. Dessa forma, ela ficava responsável pela administração do harém, ainda que a dirigente suprema fosse a mãe do sultão reinante. Em alguns casos, afortunadas exerceram um poder tão grande que foram capazes de alterar a política e os destinos do império. Uma delas foi a afortunada de Suleiman, um dos mais importantes líderes muçulmanos. Antes de subir ao trono, ele teve um filho com uma escrava de nome *Gülbahar*, a "Rosa da Primavera", de origem provavelmente circassiana. Mas no início da década de 1520, ele se apaixonou perdidamente por uma jovem rutena nascida em Rohatyn, na atual Ucrânia, conhecida entre os ocidentais por Roxelana e batizada pelo sultão como Hürrem, "a Sorridente". Segundo observadores ocidentais, Suleiman — que liderou os exércitos otomanos às portas de Viena, no coração da Europa, em 1519, o maior avanço do islã na história — só se prostrava diante de Hürrem, a bela esposa que se dava ao luxo de negar prazeres ao soberano mais poderoso do mundo no século XVI. Com sua astúcia e conspirações, ela conseguiu também que seu filho inapto, e não o de *Gülbahar*, mais qualificado, fosse o sucessor de Suleiman. Quando o monarca morreu, foi sepultado junto dela, próximo de Suleimaniye.[124]

Xilogravura de Roxelana (1502-1558), conhecida com Hürrem, "a Sorridente", favorita do sultão Suleiman I, o Magnífico (1494-1566). Capturada na Ucrânia, foi levada como escrava para o harém de Topkapi Saray, em Istambul.

Reprodução

DEPRAVAÇÃO SEXUAL

Os primeiros escravos negros entraram em Portugal ainda no século XV. Em 1444, um carregamento de 235 cativos foi trazido do Golfo de Arguim, na costa da Mauritânia, para Lagos, no Algarve. Um século mais tarde, não menos do que 10 mil escravos viviam em Lisboa, 10% da população total da cidade. O humanista flamengo Nicolau Clenardo, ao chegar a Portugal, em 1533, para ser mestre do infante d. Henrique, escreveu: "Mal pus os pés em Évora, julguei-me transportado a uma cidade do inferno: por toda a parte topava com negros".

A maior parte dos escravos encontrava-se no Algarve em virtude da proximidade com a costa norte-africana. O duque d. Teodósio I, da Casa de Bragança, tinha 48 escravos em 1564. Em Évora, dona Maria de Vilhena tinha dez escravos que representam bem quão desenvolvido era o tráfico no século XVI: três ameríndios, dois mouros, um eslavo, um negro, um pardo, um mulato e um chinês. Circulavam ainda na capital lusa escravos berberes, turcos, indianos e malaios. (A compra e a venda de escravos chineses em Portugal seriam proibidas em 1595.) Mas importar escravos não era a única forma de multiplicar a oferta. Uma publicação da época afirma que os portugueses mantinham "escravas reprodutoras, algumas mais brancas do que os próprios donos, outras mestiças e ainda outras verdadeiramente negras". Em 1571, João Baptista Venturino da Fabriano, secretário do cardeal Alexandrino Bonello, foi enviado a Portugal pelo papa para propor Margarida de Valois como noiva do rei d. Sebastião — o mesmo que depois desapareceria na batalha de Alcácer-Quibir. O casamento não se concretizou, mas Venturino da Fabriano deixou registrada a existência de escravos reprodutores no Paço Ducal de Vila Viçosa: "Tem criação de escravos mouros, alguns dos quais reservados unicamente para fecundação de grande número de mulheres, como garanhões, tomando-se registro deles como das raças de cavalos em Itália. Deixam essas mulheres ser montadas por quem quiserem, pois a cria pertence sempre ao dono da escrava e diz-se que são bastantes as grávidas. Não é permitido ao mouro garanhão cobrir as grávidas, sob a pena de 50 açoites, apenas cobre as que o não estão, porque depois as respectivas crias são vendidas por 30 ou 40 escudos cada uma. Destes rebanhos de fêmeas há muitos em Portugal e nas Índias, somente para a venda de crias".[125] A prática manteve-se por séculos e foi transportada para as colônias lusas.

No Brasil, os escravos reprodutores eram comuns e ganharam ainda mais importância depois que o tráfico negreiro foi encerrado na década de 1850. Eram bem alimentados ("comia o que o patrão comia", revelou um reprodutor) e passavam a vida percorrendo fazendas, alugados que eram, como cavalos ou touros de raça, para a reprodução. Alguns nomes são conhecidos, como o de João Antônio de Guaraciaba, neto de Francisco Paulo de Almeida, o barão de Guaraciaba. Nascido em 1851, João Antônio era filho da escrava Angelina Maria Rita da Conceição com um dos filhos do barão — que também era negro e um grande cafeicultor no Vale do Paraíba, dono de diversas fazendas e duzentos escravos. Em 1973, o reprodutor negro, então com 122 anos, concedeu entrevista ao jornalista Jorge Andrade. Pai de mais de cem filhos, relatou sem constrangimentos a ocasião em que recebeu "um rebanho de umas dez" escravas que estavam "'no vício', na quadra da lua". Entre elas, uma de nome "Duca", de apenas 15 anos de idade. "Se mulher tá na 'ocasião', fica fogosa, pisando em brasa. Mulher é como porca, vaca, égua. Na 'ocasião' dela, entrega mesmo. Feio ou velho, qualquer macho serve. [...] Ninguém tinha mulher. Era tudo do fazendeiro. Já viu touro ter vaca sua? Ou cavalo? Era meu trabalho". Se João Antônio não conseguisse engravidar a escrava, ela era entregue a outro reprodutor, "tinham muitos, não era só eu, não", afirmou.[126] Um deles era Roque José Florêncio, conhecido como "Pata Seca" — provavelmente pelas pernas finas e a altura de 2,18 metros. Escravo na Fazenda Santa Eudóxia, em São Carlos, São Paulo, Florêncio morreu em 1958, aos 130 anos. Segundo a família, teria tido mais de duzentos filhos.

Quando não eram utilizadas para fins reprodutivos, as escravas negras estavam à mercê dos senhores e, principalmente, dos filhos dos senhores. O abuso sexual das mulheres escravas não impediu que escravos também fossem explorados. A iniciação sexual do "senhor moço" das fazendas de café ou de cana-de-açúcar dava-se tanto com a escrava negra quanto com o moleque de mesma idade, que o "sinhozinho" fazia de "leva-pancadas". Embora menos frequentes que o estupro de mulheres, o de escravos também ocorria. Em 1767, no Grão-Pará, o escravo Joaquim Antônio denunciou seu dono por tentativa de estupro. Segundo ele, Francisco Serrão o lançou com violência em uma cama, de bruços, e tentara com toda força penetrar seu "vaso traseiro". Impedido, o dono ejaculou em suas pernas. Após a denúncia, a Inquisição descobriu que outros vinte escravos de Serrão eram constantemente estuprados pelo proprietário.[127] Diversos outros casos semelhantes ocorreram na colônia e foram documentados.

"Escravas negras de diferentes nações", segundo o pintor francês Jean-Baptiste Debret (1768-1848). Na cidade, escravos e escravas de ganho vendiam e ofereciam serviços, incluindo o próprio corpo. O clérigo Francisco Pereira de Assunção prostituía suas três escravas, "expostas a todos os homens que as procuram para tratos ilícitos".

Na cidade, os "escravos de ganho" tinham maior liberdade de locomoção e podiam circular pelas ruas, vender ou oferecer serviços. Vendiam uma infinidade de produtos, incluindo o próprio corpo. "Até as senhoras se aproveitavam de tão nefando comércio. Enfeitavam as molecas de correntes de ouro, pulseiras, anéis e rendas finas, participando depois dos proventos do dia", relatou o viajante francês Le Gentil de la Barbinais. O sociólogo brasileiro Gilberto Freyre, autor de um clássico sobre a escravidão, *Casa-grande e senzala*, disparou: "Não há escravidão sem depravação sexual".[128] No Brasil colonial, dado o número reduzido de mulheres brancas disponíveis, o colonizador europeu via na mulher indígena, na negra e, principalmente, na mulher mulata, o papel de prostituta ou de amante. O número de filhos ilegítimos era tão alto no país que o explorador inglês Richard Burton notou nos brasileiros verdadeira "aversão ao casamento". Em 1730, o governador do Rio de Janeiro Luís Vaía Monteiro afirmou que as negras minas eram as preferidas em Minas Gerais, para serem "amigas", "mancebas" ou "caseiras". (Às vésperas da Independência, os mulatos correspondiam a 26% da população na capitania mineira.) Não é por menos que o vocabulário erótico brasileiro é enriquecido com palavras de origem iorubá ou banto: *xodó*, namorado, amante; *caxuxa*, mulher jovem; *naborodô*, fazer amor; *kukungola*, jovem que perdeu a virgindade; *dengue, dengo, candongo* ou *kandonga*, benzinho, amor.

Criadas em famílias desestruturadas ou mesmo sem família, expostas a privações e maus-tratos, ao racismo e ao preconceito social, exploradas sexualmente desde jovens — muitas vezes aos dez ou doze anos —, as mulheres negras eram tratadas como objetos. O ditado popular da época resumia bem essa ideia: "Branca para casar, mulata para foder e negra para trabalhar". Um militar alemão no Rio de Janeiro observou, em 1824, que havia nas negras "um encanto tão grande, que a gente esquece a cor [...] dos olhos irradia um fogo tão peculiar e o seio arfa em tão ansioso desejo, que é difícil resistir a tais tentações". A historiadora Mary del Priore escreveu que "degradadas e desejadas ao mesmo tempo, as negras seriam o mesmo que prostitutas, no imaginário de nossos colonos: mulheres 'aptas à fornicação', em troca de algum pagamento".[129] No império não foi diferente. No século XIX a maioria das prostitutas na corte imperial eram escravas negras.

EXPLORADAS

Na Idade Média, segundo o historiador britânico Jeffrey Richards, as mulheres entravam na prostituição por razões iguais às de todas as épocas, anteriores e posteriores: pobreza, passado familiar perturbado, violento ou incestuoso. O francês Jacques Rossiaud, em estudo sobre a prostituição na Borgonha, estimou que quatro em cada cinco prostitutas pertenciam às camadas mais pobres da população, e um quarto delas havia sido colocado nessa situação pela família ou por tentar fugir dela. Somente 15% das mulheres haviam se prostituído por livre e espontânea vontade. Na Paris do século XVI, em uma população de cerca 200 mil pessoas, havia 6 mil prostitutas. Na Inglaterra, quase 12 mil "mulheres indesejáveis" foram enviadas à força para a América do Norte durante o século XVII. Cem anos depois, durante o reinado de Jorge III, Londres tinha 2 mil prostíbulos e uma meretriz para cada cinquenta homens. A Hong Kong do século XIX contava 300 mil habitantes e 50 mil garotas (simplesmente a metade da população feminina) trabalhando em mais de 3.650 bordéis.[130]

Em todos esses lugares, os picos de prostituição coincidiram com elevados índices de pobreza ou períodos de guerra. Durante a Segunda Guerra, entre 1939 e 1945, não menos do que 200 mil mulheres asiáticas serviram como escravas sexuais dos japoneses, e outras 100 mil francesas se tornaram prostitutas ocasionais para servir à clientela nazista. (Sobre a história das mulheres no maior conflito bélico do mundo, ver *Histórias não (ou mal) contadas: Segunda Guerra Mundial*.) Em época mais recente, em 1998, o governo estadunidense encontrou centenas de mexicanas escravizadas na Flórida. No ano seguinte, um relatório das autoridades de imigração identificou em 26 cidades mais de 250 bordéis que eram supridos com o tráfico latino.[131] Mas o comércio ilícito que abastece os Estados Unidos tem origem em muitos lugares, sendo a Ásia um dos principais. Em 2001, a indonésia Shandra Woworuntu emigrou para os Estados Unidos a fim de trabalhar na indústria hoteleira. Ao chegar a Nova York, descobriu que caíra em uma armadilha. Ela foi sequestrada por homens que a levaram para o Brooklin, para atuar em uma rede internacional de sexo que envolvia garotas asiáticas (tailandesas, chinesas e malaias). Com 24 anos, Woworuntu foi estuprada pelos sequestradores horas depois de chegar aos Estados Unidos. Com o passaporte retido, ela foi conduzida para Chicago onde soube que precisaria pagar 30 mil dólares aos traficantes ou fazer trezentos programas até que a dívida fosse quitada. Apelidada de "Candy" pela quadrilha, Woworuntu foi levada a diferentes bordéis, hotéis e cassinos na costa leste estadunidense. Quando conseguiu fugir e contatar o FBI, a organização criminosa tentou assassinar sua mãe e a filha que viviam na Indonésia. Em 2004, o governo dos Estados Unidos permitiu a imigração das duas.

Na Europa, o tráfico não é menor. Em 2003, a socióloga madeirense Inês Fontinha, diretora da organização internacional *O Ninho*, criada em Portugal, em 1967, para prestar auxílio às mulheres exploradas sexualmente, denunciou traficantes romenos por leiloar ucranianas, moldavas, romenas, búlgaras e russas por pouco mais de quinhentos euros. Tal como nos mercados de escravos da Antiguidade, essas mulheres eram despidas e exibidas a seus compradores.[132] Em 2010, 40% das vítimas de tráfico de pessoas em Portugal eram brasileiras destinadas à prostituição.

A jovem britânica Megan Stephens tinha apenas 14 anos quando foi cooptada por traficantes albaneses em uma viagem à Grécia em companhia da mãe. Apaixonada pelo rapaz que conheceu em um bar, ela foi levada a Atenas e convencida a trabalhar como dançarina fazendo *topless*. Em seguida, Megan foi vendida a um traficante grego que a levou para o último andar de um edifício comercial onde foi estuprada enquanto era filmada. (As filmagens abastecem outro mercado gigantesco, o da pornografia na internet.) Ela perdeu a virgindade, recebeu cinquenta euros pelo "trabalho" e passou a fazer sexo para um cafetão. Ela engravidou, mas a violência com que era tratada a fez abortar. Sem conseguir fugir, com a mãe ameaçada de morte, Stephens ganhava entre 2 mil e 2,5 mil euros por noite, muitas vezes praticando sexo oral — o que detestava fazer, segundo afirma em um livro autobiográfico. Em certa ocasião, por 2 mil euros ela foi filmada mantendo relação anal com um cliente idoso, sendo também chicoteada. Depois de alguns meses em Atenas e um breve período na Itália, onde trabalhou como prostituta nas ruas, ela foi colocada à disposição de um albanês chamado "Elek". Ele a pôs para trabalhar em bordéis, onde homens pagavam vinte euros por cinco minutos de sexo. "Eu tinha, em média, cerca de 50 clientes por noite. Na pior noite de todas as noites, 110 homens pagaram para fazer sexo comigo", escreveu ela.[133] "Eu deveria ter levantado e partido, mas não fiz isso por conta do controle mental que eles exerciam sobre mim", contou. Stephens só conseguiu escapar dos traficantes seis anos depois, durante uma internação em um hospital, após uma tentativa de suicídio.

Mas há muitas ocorrências de sequestro e exploração sexual que não estão ligadas diretamente às redes de prostituição. Um dos mais famosos e abomináveis casos de abuso sexual e cativeiro envolveu o austríaco Josef Fritzl, conhecido como "monstro de Amstetten". Fritzl praticava incesto com sua filha Elizabeth, de onze anos, desde 1977. Em agosto de 1984, ela foi aprisionada no porão de sua casa, em Amstetten, no norte da Áustria. Mantida algemada e drogada, a jovem foi repetidamente estuprada por Fritzl durante 24 anos, até abril de 2008. Ao longo desse tempo, Elizabeth teve sete filhos com o pai. Em 2009, Fritzl foi condenado à prisão perpétua. Outro exemplo ocorreu em 1987. A britânica Anna Ruston tinha apenas quinze anos quando foi sequestrada por um motorista de táxi muçulmano e mantida em cativeiro como escrava sexual em uma casa na Inglaterra. Durante treze anos ela foi estuprada, sofreu abusos e maus-tratos do taxista e também de seus parentes e conhecidos — era oferecida como prostituta e chamada de "escória branca". Ruston teve três filhos, que foram entregues a desconhecidos, e tentou o suicídio por diversas vezes. Ao saber que seria levada para o Paquistão, ela conseguiu avisar a assistente social que atendia seu quarto filho, e durante as preces do Ramadã, o mês sagrado dos muçulmanos, conseguiu fugir.

Alguns chefes de Estado também se envolveram diretamente em casos de escravidão sexual. Em 1991, em uma entrevista para o tabloide *The National Examiner*, Valentine Swinson afirmou que foi escrava sexual do ditador Saddam Hussein.[134] A aeromoça de 24 anos teria se encontrado com o líder iraquiano em um voo da PanAm no começo da década de 1980 e se apaixonado por ele. Levada a Bagdá, ela foi violentada e torturada. Antes de conseguir escapar, Hussein obrigou a norte-americana a fazer sexo com diversos membros do alto-comando de seu Exército. Tendo governado o Iraque por duas décadas e meia, Hussein foi capturado por forças estadunidenses em 2003, e enforcado por crimes contra a humanidade em 2006.

Outro ditador pervertido foi o líbio Muamar Kadafi, deposto e morto em 2011, durante a chamada Primavera Árabe, após mais de quatro décadas no poder. Em livro publicado em 2016, a jornalista francesa Annick Cojean contou como o autoproclamado "Guia da Reevolução" estuprava jovens virgens e homens de sua guarda pessoal, e como se empenhava em seduzir diplomatas e até mesmo mulheres e filhas de seus ministros e de outros chefes de Estado. "O sexo era, para Kadafi, uma forma de governar o país", escreveu Cojean. Oficialmente, Kadafi foi casado por duas vezes, com Fatiha al-Nuri e Safia Farkash, mas depois da queda de seu regime, diversos relatos sobre abusos sexuais que ocorriam no subsolo de Bab al-Azizia, a sede do governo, em Trípoli, confirmaram as suspeitas de que a excentricidade de Kadafi ia além do uso de roupas multicoloridas e esquisitas. O ditador era viciado em uísque, cigarros, cocaína e Viagra. E em sexo. Faisal, seu cozinheiro-chefe, contou a jornais europeus que Kadafi violentava constantemente mulheres de sua guarda pessoal, parte do serviço especial de seu "Comitê da Revolução", conhecido simplesmente como "as amazonas". Mohammed al-Alagi — ex-ministro interino da Justiça do Conselho Nacional de Transição da Líbia, presidente da Ordem dos Advogados de Trípoli, respeitado por ONGs estrangeiras e então presidente do Conselho Supremo de Liberdade Pública e Direitos Humanos da Líbia — afirmou que Kadafi estuprava de forma institucionalizada: "Começou a estuprar em grande escala e ordenou a outras pessoas que fizessem o mesmo. Homens e mulheres. Ele era um monstro sexual, perverso e extremamente violento".[135]

Uma das vítimas entrevistadas por Cojean conheceu Kadafi quando tinha apenas quinze anos, durante uma visita do ditador à escola onde ela estudava, em Sirte. Escolhida para entregar um buquê de flores, Kadafi colocou a mão sobre sua cabeça e lhe acariciou os cabelos. O gesto secreto era conhecido das "amazonas". Kadafi havia escolhido mais uma vítima, mais uma "freira da revolução", com ele as chamava. Sequestrada pelas amazonas, a menina foi levada ao "harém" do ditador. "Ele violou o meu corpo e perfurou a minha alma com um punhal. A lâmina nunca saiu", afirmou Soraya, nome fictício criado por Cojean para preservar a identidade da jovem, agora com 23 anos. O estupro como meio de dominação excedia os limites da cama ditatorial. Soldados kadafistas aprisionados em Misurata, a duzentos quilômetros de Trípoli, confessaram à jornalista que, ao invadirem uma casa em regiões não leais ao governo, estupravam a família toda: "Meninas de oito, nove anos, jovens de 20 anos, sua mãe, às vezes diante de seu avô". A ordem vinda de cima era subjugar e humilhar: "Violem, batam e filmem!".

YAZIDIS

Até agosto de 2014, poucas pessoas no mundo tinham ouvido falar dos yazidis — pelo menos no mundo ocidental. Naquele mês, o *Daesh* — acrônimo árabe para *ad-Dawlat al-Islamiyah fi al-Iraq wa sh-Sham* — ocupou o Vale de Sinjar, no norte do Iraque, próximo à fronteira síria. Criado em 2004, o *Daesh* passou a ser denominado internacionalmente de ISIS, abreviatura de uma versão em inglês para "Estado Islâmico do Iraque e do Levante"; mais tarde, ficou conhecido apenas por "Estado Islâmico" ou EI.[136] Os membros do Estado Islâmico pertencem ao maior ramo do islamismo, os sunitas, que seguem a Suna, uma compilação das ações de Maomé e seus descendentes, em detrimento dos xiitas, que requerem o direito dos descendentes de Ali, genro do Profeta, de guiar o islã. Aproximadamente 90% dos muçulmanos são sunitas, e os de orientação ultraconservadora, como o EI, são conhecidos como wahabistas, seguidores do fundamentalista Al Wahhab, que viveu no século XVIII.

A invasão de Sinjar forçou 50 mil yazidis a fugir pelas montanhas. Os que não conseguiram escapar foram mortos ou capturados. Aproximadamente 7 mil yazidis morreram e outros 5 mil foram aprisionados, a maioria, mulheres. "Havia muitos corpos. Eles mataram muitas pessoas lá. Os cães comiam os corpos, as mãos, a cabeça", contou Hure Kaso Murad ao fotógrafo brasileiro Marcio Pimenta em entrevista para a *National Geographic*. Entre as aldeias ocupadas pelo Estado Islâmico estava Kocho, no Curdistão iraquiano. Os homens foram quase todos executados a tiros, decapitados ou queimados vivos, e as mulheres e crianças levadas para Mossul, a cidade mais importante do norte do Iraque, e depois para Aleppo, na Síria, a mais de seiscentos quilômetros dali. As mulheres jovens seriam usadas como escravas sexuais e as mais velhas, como empregadas. Entre as 250 jovens capturadas estavam Lamia Aji Bashar, de apenas dezesseis anos de idade, e duas irmãs. Algumas das meninas sequestradas pelo Estado Islâmico tinham apenas oito anos de idade. Na Síria, forçada a se converter ao islamismo, Bashar disse "não". O líder do grupo a agarrou pelo pescoço e a levantou do chão, onde estavam reunidas as garotas. "Minha irmã implorou para que me soltasse, até mesmo beijou seus pés. Aí ele gritou: 'Então vocês não querem se converter!', e estuprou nós duas", relatou ela mais tarde às agências internacionais, falando em kurmanyi, o dialeto curdo dos yazidis.

O Estado Islâmico associa os yazidis a um califa do século VII, Yazid ibn Muawiya, que teria provocado a ira de Alá ao atacar Meca, mas a origem é provavelmente outra, viria do persa *ized*, que quer dizer "divindade". Dessa forma, yazidis significaria "adoradores de deus". O povo yazidi vive em pequenas comunidades espalhadas por Iraque, Síria e Turquia, somando aproximadamente 500 mil pessoas. Fazem parte de uma minoria religiosa há séculos marginalizada pelo islamismo. Eles se autodenominam *Dawaaseen* e reverenciam tanto a Bíblia quanto o Alcorão. Na crença yazidi há muitos rituais semelhantes aos do cristianismo, do islamismo e até do judaísmo, além de afinidades com o zoroastrismo e o kardecismo. Seu deus supremo é chamado de Yasdan, que colocou o mundo sob a proteção de sete grandes espíritos ou anjos, dos quais o mais importante é Malak Taus (ou Tawûsê Melek, em curdo), que tem a forma de um pavão e é tido como mensageiro divino, como Cristo ou Maomé. Malak Taus tem um segundo nome, Shaytan, descrito no Alcorão como "demônio", motivo pelo qual os islamitas rotulam a comunidade yazidi de "adoradores do diabo". Para os yazidis, o bem e o mal coexistem na mente e no espírito humanos, cabendo apenas ao homem escolher o caminho certo. Por isso, Malak Taus não é adorado pelos yazidis por ser Satanás, mas por ser o único dos sete anjos a não se curvar a Adão, o primeiro homem e pecador.

Os yazidis têm um livro sagrado, o *Kitab al Jilwah*, "o livro das revelações", rezam para Malak Taus cinco vezes por dia e batizam suas crianças com água consagrada por um sacerdote; nas cerimônias de casamento, repartem o pão entre o noivo e a noiva. Pelo menos uma vez na vida, um yazidi precisa fazer uma peregrinação à tumba do xeque Adi ibn Musafir, em Lalish, cinquenta quilômetros ao norte de Mossul, no Iraque. A peregrinação de seis dias ocorre anualmente em setembro, e acredita-se que Adi, morto em 1162, é uma encarnação de Malak Taus. Em dezembro, jejuam por três dias antes de beber vinho com o sacerdote. Os yazidis também praticam a circuncisão e o sacrifício de animais. E acreditam em reencarnação, que as almas podem viver sucessivamente por meio de vários corpos, sendo assim possível atingir uma purificação gradual do espírito. Não há inferno ou purgatório, segundo eles. Como não há conversões entre os yazidis — só é yazidi quem nasce yazidi —, ser expulso da comunidade ou ser obrigado a deixá-la significa que o indivíduo não pode progredir.

Com um grande número de prisioneiras yazidis, o Estado Islâmico distribuiu um informativo para seus seguidores sobre como proceder: se a capturada fosse virgem, os soldados poderiam ter relações sexuais com ela "imediatamente após a captura"; mas se não fosse, o útero precisaria "ser purificado antes". A divulgação autorizava ainda os militantes a "comprar, vender e dar de presente" as mulheres capturadas, já que elas eram apenas "propriedades". As mais jovens e bonitas eram dadas de presente aos voluntários alistados no estrangeiro; o restante era dividido entre os soldados locais. "Os membros do EI chegavam e nos escolhiam: 'Quero esta', 'Eu, esta'", lembrou uma sobrevivente. Sistematicamente estupradas, às vezes por vários homens, elas também eram espancadas, sodomizadas com objetos ou tinham a genitália queimada. "Eram animais em corpos de pessoas", declarou Aji Bashar. Segundo o jornal estadunidense *New York Post*, além de anunciar a venda de armas e equipamento militar pela internet, o Estado Islâmico também vendia escravas sexuais: "Virgem. Bonita. 12 anos. US$ 12.500. Será vendida em breve".

Turkia Hussein também foi escrava sexual yazidi. Casada com um soldado *peshmerga* ("aqueles que enfrentam a morte"), uma milícia curda alistada no Exército iraquiano e que combate os extremistas do Estado Islâmico, ela permaneceu dois anos em poder do EI, primeiro na Síria e depois no Iraque, sendo vendida 13 vezes antes de ser libertada. Ekhlas é outra sobrevivente, e assim como muitas yazidis, ela hoje vive em um hospital psiquiátrico na Alemanha. "Eles vieram com sua bandeira negra. Mataram os homens e estupraram as meninas", disse ela. A bandeira negra, o símbolo dos extremistas muçulmanos, é chamada de *shahada* e tem o cursivo arábico dizendo: "Não existe um deus a não ser Deus, e Maomé é o Seu mensageiro". Ekhlas contou que foi escolhida entre 150 adolescentes para ser escrava sexual de um soldado e que presenciou um homem de quarenta anos estuprar uma menina de dez. "Era tão feio, como um monstro, com cabelos compridos. Cheirava tão mal [...] tinha tanto medo que não conseguia olhá-lo. Estuprou-me todos os dias, durante seis meses. Tentei me matar", relatou à BBC.

Embora Síria e Iraque tenham afirmado em 2017 que o Estado Islâmico havia sido derrotado, no começo de 2018 ainda havia combates em diversas áreas na fronteira entre os dois países. As estimativas da Organização das Nações Unidas (ONU) são de que pelo menos 3.500 mulheres yazidis ainda sejam mantidas como escravas sexuais.

Lamia Aji Bashar e Nadia Murad, da etnia yazidi, no Iraque. Mais de 3 mil mulheres e meninas yazidis são mantidas como escravas sexuais pelo Estado Islâmico desde 2014. Sobreviventes do EI, elas receberam o Prêmio Sakharov de Direitos Humanos de 2016.
Foto de Frederick Florin/Getty Images

Durante o tempo em que ficou prisioneira do Estado Islâmico, Aji Bashar teve seis "donos" — foi vendida a cinco homens e presenteada a outro — e tentou fugir quatro vezes. Em abril de 2016, ela conseguiu escapar. Sua família havia pagado oitocentos dólares para que contrabandistas a sequestrassem e fizessem o mesmo com suas irmãs, de oito e vinte anos. Durante a fuga, as irmãs morreram ao atravessar um campo minado. Aji Bashar ficou gravemente ferida, mas sobreviveu. Em outubro do mesmo ano, o Parlamento Europeu concedeu a ela e a Nadia Murad, também ex-escrava sexual do EI, o Prêmio Sakharov de Direitos Humanos.

COSTUMES ANCESTRAIS[137]

Não bastassem as guerras, milhões de mulheres sofrem com a manutenção de costumes ancestrais ligados ao sexo e ao casamento. Na África e no Oriente Médio, a Organização Mundial de Saúde listou 29 países onde mulheres são vítimas de costumes associados a algum tipo de mutilação genital feminina, a MGF. No Egito, no Mali, na Guiné, na Etiópia e no Sudão, o número de mulheres entre quinze e 49 anos que sofreram mutilação é superior a 90%. Na Somália é de 98%. Mesmo sendo considerada uma prática ilegal em alguns países, estimativas do Fundo das Nações Unidas para a Infância (Unicef), indicam que o número total de mulheres "cortadas" ultrapassa os 125 milhões, sendo 27,2 milhões somente no Egito. Em metade dos casos, o ritual é realizado até os cinco anos de idade. As mutilações vão desde a remoção total ou parcial do clitóris até a infibulação, considerada a pior forma de MGF, quando clitóris e os pequenos e grandes lábios são extraídos e suturados, deixando apenas uma minúscula abertura, necessária para a passagem da urina e da menstruação. Nesses acasos, o orifício é mantido aberto com um filete de madeira até a cicatrização — as meninas precisam ficar até um mês com as pernas abertas e amarradas. Dor ao urinar e menstruar, dificuldades em manter relações sexuais e problemas no parto são relatos comuns de mulheres que sofreram a mutilação. No caso do parto, a recuperação é extremamente complicada. A prática é uma regra social amplamente aceita e seus motivos diferem de acordo com os diversos grupos étnicos que a praticam; de modo geral, acredita-se que a mulher precisa ser "cortada" para que possa encontrar um marido e ser fiel a ele, como uma garantia de castidade, motivo pelo qual, na maioria dos casos, é a própria mãe ou avó a responsável por requerer a mutilação nas chamadas "temporadas de corte", quando centenas de meninas passam pelo ritual. Uma mulher que não tenha passado pelo "corte", também chamada de "circuncisão", tem grandes chances de ser recusada pelos homens e excluída do grupo, além de ter o dote diminuído. Não há dados concretos, mas a prática também é realizada entre os índios sul-americanos, principalmente na Bolívia e na Colômbia, provavelmente levada por escravos negros muçulmanos no século XVIII.

Em Moçambique, uma prática comum é o *Kupita kufa*, que ocorre principalmente na região próxima ao Vale do Zambeze, região central do país, nas províncias de Manica, Sofala, Tete e Zambézia. *Kupita kufa* é uma expressão em sena, uma língua da família nigero-congolesa, que significa algo como "expulsão" ou "purificação do mal que entrou com a morte". A crença exige que as viúvas devam manter relações sexuais com um familiar do marido morto ou com um indivíduo "alugado", para que ocorra a limpeza ritual.[138] A cerimônia é dirigida por um curandeiro indicado pelos familiares do morto e a quem cabe receber as candidaturas dos homens que se predispõem a realizar o *Kupita kufa*. Ele também deve indicar quanto tempo a viúva tem de permanecer de luto. A mulher, em geral, não tem o direito de escolha, devendo seguir as orientações que normalmente exigem manter relações sexuais três vezes ao dia, por uma semana e perante a "assistência" de parentes.

No Quênia, ritual semelhante ainda é praticado pelos luos, com o mesmo intuito, "limpar a mulher de impurezas". Não obstante ter sido considerado ilegal pelo governo queniano em 2015, o costume se mantém em uma das áreas mais pobres e rurais do país. Como na maioria das vezes, a cerimônia ocorre sem o uso de preservativos, deixando as mulheres vulneráveis ao vírus do HIV. (No Quênia, 1,5 milhão de pessoas são portadoras da Aids.) Uma mulher de cinquenta anos, diagnosticada com HIV após ser "purificada", explicou à BBC as etapas do ritual: "Começa com sexo no chão. Você tira a roupa e deixa no chão. Depois, vai para a cama e faz sexo de novo. Pela manhã, você tem que queimar suas roupas e os sacos em que dormiu. Em seguida, ele raspa seu cabelo". Só depois de quatro dias a viúva pode voltar para a casa. O costume exige ainda que as mulheres cozinhem uma galinha para o casal. Para realizar o ritual e manter a tradição, os "purificadores" chegam a cobrar mais de 280 dólares. "A mulher deve ser 'purificada' e herdada. Porque, se não fizer isso, não terá para onde ir. É um direito que deve ser cumprido", afirmou um homem que atua com "purificador". Roseline Orwa, fundadora de uma ONG que protege e luta pelos direitos das viúvas, realiza sessões regulares de terapia não apenas com as mulheres, mas também com os homens, na tentativa de reeducá-los e acabar com a prática. "Essa cultura pode ser transformada. E acho que poderia haver leis e políticas para proteger viúvas e órfãos", completa. Outro costume seguido na costa leste africana é o *lobolo* ou *lobola*, realizado principalmente na região sul de Moçambique.[139] Segundo essa tradição, a família da noiva recebe dinheiro pela perda que representa seu casamento e a ida para outra casa. O ex-presidente da África do Sul, Nelson Mandela, deu sessenta cabeças de gado como *lobolo* em julho de 1998 para a família de Graça Machel, esposa do falecido presidente Samora Machel. Muitos consideram a prática uma negociação comercial, entendendo que a mulher é comprada. Em alguns casos, moçambicanos só oficializam o casamento no registro civil duas décadas depois da união e de vários filhos.

Uma controversa tradição islâmica envolve o chamado "triplo *talaq*". A prática é proibida na maioria dos países islâmicos e em países com grande comunidade muçulmana, como Inglaterra e França. Segundo a crença, o casamento muçulmano pode ser dissolvido imediatamente quando o marido pronuncia três vezes a palavra *talaq* ("divórcio", em árabe). A fragilidade da lei expõe a tradição misógina da religião muçulmana. Em um caso recente, o divórcio ocorreu por telefone celular via mensagem de texto, após uma briga entre o casal. "Mostrei a mensagem para o meu pai e ele disse que meu casamento estava acabado, que não poderia voltar para meu marido", contou uma mulher à BBC. Segundo uma interpretação da Sharia, o código legal islâmico sobre ética e moralidade, para que o casal reate a união existe uma possibilidade: o *halala*, que envolve um novo matrimônio e um divórcio-relâmpago. Mas para que isso seja possível, a mulher precisa encontrar um marido disposto a casar, a consumar o matrimônio com sexo e a conceder o divórcio a ela. Só assim a mulher poderia voltar a se unir ao primeiro marido. A maioria dos muçulmanos é contra o *halala* e considera a prática uma interpretação equivocada das leis islâmicas sobre divórcio. Segundo Khola Hasan, do Conselho Sharia Islâmico, em

Londres, o *halala* "é algo que a lei islâmica proíbe". Mas mesmo proibido e não recomendado por líderes muçulmanos, a situação abre brechas para a exploração comercial, e um grande número de sites na internet oferece homens dispostos a realizar o *halala* – o valor pode chegar a 3 mil dólares.

NO TOPO DO TRÁFICO HUMANO

Antes do fim dos anos 1800 a Europa havia erradicado legalmente a escravidão do continente. Mas no início do século XX, o desafio passou a ser o tráfico ilegal de pessoas, notadamente o de mulheres e crianças. Em 1904, em Paris, treze países europeus firmaram um acordo internacional para a "Repressão do Tráfico de Mulheres Brancas". Em 1910, em uma convenção internacional, o acordo foi assinado por países dos quatro continentes, mais ainda estava direcionado às mulheres brancas, principalmente as europeias. Em 1921, uma nova convenção, que incluía a repressão ao tráfico de crianças, foi realizada em Genebra, na Suíça, e foi emendada por protocolo em Assembleia Geral da ONU, em 1947. Três anos depois, as Nações Unidas promulgaram um protocolo para a "Repressão do Tráfico de Pessoas e do Lenocínio". O acordo incluía mulheres e crianças de todos os povos, mas os efeitos práticos foram mínimos. Em 1998, a ONU instituiu um comitê intergovernamental especial para estudar uma convenção a ser aplicada e que fosse mais efetiva na repressão contra o tráfico internacional. A resolução culminou com o Protocolo de Palermo, de 2000, assinado pelo Brasil em 2004. Em 1999, a Conferência Mundial de Coligação contra o Tráfico de Mulheres escolheu o dia 23 de setembro como o "Dia Internacional contra a Exploração Sexual e o Tráfico de Mulheres e Crianças". Naquele mesmo dia, em 1913, havia sido promulgada na Argentina a Lei Palácios, criada para punir quem promovesse ou facilitasse a prostituição e a corrupção de menores de idade.

Há mais de cem anos, portanto, diversos acordos internacionais têm tentado impedir a mercantilização de pessoas, mas os números ainda são assustadores. A exploração sexual está no topo do tráfico humano, e as mulheres e crianças representam quase a totalidade das "mercadorias". Nos países da Europa central e sudeste (a região dos Bálcãs, que inclui países como Grécia e as ex-repúblicas iugoslavas), 66% das vítimas do comércio ilícito de pessoas estão relacionadas à exploração sexual. Na Ásia e no Pacífico, a estimativa é de que 61% das vítimas do tráfico estejam ligadas ao sexo. Na América do Sul, a porcentagem se aproxima dos 60%. Segundo a Organização Internacional do Trabalho, mais de 2,5 milhões de mulheres são alvo do tráfico em todo o mundo anualmente — na Europa seriam 500 mil mulheres. A movimentação financeira envolvida chega a 32 bilhões de dólares.[140]

70 50 30 10

Mr. Langham climbed up
ust.
he shelf at a... he
you to find ...ug
to share it w... you,"
large... of chocolates—but
...om felt so ashamed
...even *look* at the old
...ments," said Mr.

yesterday! You shouldn...
Cubs. You had better re...
Tom... s horrified.
...ast... What wou...
the boy... He caught hol...
"Sir, listen! I l... be...
sorry about tho...
some more j...
without any...
ling out of...

8. INFÂNCIA ROUBADA

Milhões de crianças são vítimas da exploração sexual anualmente. Passa de 11 milhões o número de casamentos ilegais com garotas menores de idade no mundo. No Oriente Médio, costumes arcaicos ainda escravizam meninos, que são mantidos como parceiros sexuais de adultos ou obrigados a atuar em exércitos irregulares. Cerca de 73 milhões de crianças estão sujeitas a trabalhos perigosos e ilegais.

A mão de obra infantil sempre esteve presente na história da humanidade, e nenhuma civilização da Antiguidade deixou de usá-la. Do Egito à China antigos, passando por Roma, Grécia e pelos os impérios muçulmanos do Oriente Médio, crianças semeavam e colhiam, trabalhavam com artesanato, carpintaria, marcenaria ou como pastores de rebanhos tão logo isso fosse possível. O rapto e a captura de crianças para o trabalho escravo doméstico também são documentados há milhares de anos.

Em famílias pobres, quanto mais cedo se deixava a infância, melhor. As meninas eram postas a trabalhar desde os seis ou oito anos, quando não com idade ainda menor. No século XV, o infanticídio por sufocação não era um fenômeno excepcional, assim como não eram os abandonos — uma prática muito antiga, quando se queria eliminar uma boca a mais para alimentar.[141] Os irmãos Jacob e Wilhelm Grimm recolherem um grande número de histórias infantis que representam essa realidade alemã (e europeia) dos séculos XVIII e XIX — hoje consideradas não mais do que fantasias. O conto de *Hänsel und Gretel*, "João e Maria", por exemplo, é uma típica história coletada pelos Grimm de tradições orais que descrevem a realidade miserável do camponês alemão após a Guerra dos Trinta Anos, encerrada em 1648. O francês Charles Perrault fez o mesmo no século XVII com sua "gata borralheira", a Cinderela, ou com *Le petit poucet*, "O pequeno polegar". Trabalho infantil, maus-tratos, confinamento, tortura psicológica e abuso sexual fazem parte implicitamente, às vezes até explicitamente, desses "contos de fada". As versões originais, sem cortes ou filtros modernos, estão recheadas de assassinatos macabros e estupros em quase todos os relatos.

ESCRAVIDÃO INFANTIL

A Idade Contemporânea não trouxe grande alívio para crianças e adolescentes, ainda que algumas leis e instituições de auxílio tenham começado a surgir em maior número. Na primeira metade do século XIX, havia mais de 164 mil órfãos na Europa, dos quais 78% não chegaram a completar onze anos de idade. Em 1776, Moscou, na Rússia, tinha 36 mil crianças em orfanatos. A pena de morte era aplicada severamente a pequenos delinquentes, e a Inglaterra cansou de enviar crianças ao cadafalso. Na Alemanha, em 1800, havia cerca de 300 mil menores de idade em prisões, todos retirados das ruas com o intuito de ser educados para o trabalho. Embora o costume tenha se iniciado no século XVII, foi durante o século XIX e o começo do século XX que a prática se tornou mais comum: centenas de milhares de crianças entre cinco e quatorze anos desciam os Alpes na primavera, levadas por seus pais, para o que se chamava eufemisticamente de "mercados infantis" — na realidade, não passavam de um *Sklavenmarkt*, "mercado de escravos" —, onde famílias pobres alugavam seus filhos como trabalhadores sazonais entre os agricultores das terras baixas. Na Alemanha, essa mão de obra mirim era chamada de *Schwabenkinder*, "crianças da Suábia", e a prática mercantil se manteve até 1921, quando foi proibida. Na Suíça, os pequenos eram denominados *Verdingkinder*, "crianças de contrato", e seu uso se estendeu até o fim da década de 1960. Retiradas à força de famílias pobres ou de mães solteiras que não tinham condições de sustentá-las, essas crianças eram destinadas pelo governo suíço às fábricas ou fazendas em áreas rurais, onde elas trabalhavam em regime de servidão. Não obstante 35 mil seja o número mais aceito, estimativas modernas acreditam que aproximadamente 100 mil crianças tenham trabalhado dessa forma no minúsculo país europeu. Vítimas de espancamentos, tortura psicológica ou abuso sexual, elas estavam mais próximas da escravidão do que qualquer outra coisa. Recentemente, uma autobiografia romanceada de Roland Begert, uma ex-criança de contrato, publicada em 2008, além de um documentário e um filme lançados em 2012, reacenderam as discussões sobre o passado de muitas crianças suíças, considerado um tabu no país.[142]

O "mercado de escravos" de Ravensburg, na Alemanha, em 1849, em litografia de Joseph Bayer (1820-1879). Crianças entre cinco e quatorze anos desciam os Alpes durante a primavera para serem alugadas pelos pais a agricultores das terras baixas. Na Alemanha, a prática foi proibida em 1921, mas na Suíça a mão de obra infantil foi explorada até o fim da década de 1960.

Reprodução

No Brasil, a escravidão não poupou os menores, que correspondiam a um terço do total de cativos negros trazidos ao país na primeira metade do século XIX. O viajante C. Brand, em visita ao mercado de Valongo, no Rio de Janeiro, em 1827, observou: "A primeira loja de carne em que entramos continha cerca de trezentas crianças, de ambos os sexos; o mais velho poderia ter doze ou treze anos e o mais novo, não mais de seis ou sete anos". Eram todos mantidos agachados, em um imenso armazém, apartados dos pais e divididos por sexo, o que facilitava a inspeção e a escolha dos compradores. Segundo Brand, "tudo o que vestiam era um avental xadrez azul e branco amarrado na cintura". Outro estrangeiro, o médico naturalista F. J. Meyen, escreveu: "Quase todos esses meninos e meninas tinham sido marcados com ferro quente no peito ou em outras partes do corpo. Devido à sujeira do navio que os havia trazido e à má qualidade da dieta (carne salgada, toucinho e feijão), tinham sido atacados por doenças cutâneas, que a princípio apareciam em manchas e logo se transformavam em feridas extensas e corrosivas".[143] Comprados e levados às fazendas do interior, seriam doutrinados conforme as necessidades do dono. Atuavam como "faz-tudo" e apanhavam de todos. Há relatos de crianças escravas trabalhando desde muito cedo, como o escravo Gastão, propriedade de José de Araújo Rangel, que aos quatro anos já fazia pequenas tarefas domésticas; ou então Manoel, pertencente à baronesa de Macaé, que pastoreava gado aos oito anos de idade. Por volta dos doze anos já traziam a profissão como sobrenome: "Ana Mucama", "Chico Roça" e "Zé Alfaiate", entre tantos outros. Aos quatorze anos, a educação, ou melhor, a "doma" estava completa e a criança escrava fazia o mesmo trabalho de um adulto.

REVOLUÇÃO INDUSTRIAL

Enquanto a escravidão negra passava a ser uma vergonha para a humanidade e sua abolição uma bandeira de luta em muitos países na Europa e na América, outro tipo de escravidão surgia com a Revolução Industrial. Até o século XIX, o trabalho nas minas inglesas era basicamente feito por crianças entre cinco e dez anos de idade. Como a ventilação desses locais dependia de uma série de aberturas e portas que precisavam ser abertas e fechadas conforme o movimento dos vagões, pequenos trabalhadores permaneciam até doze horas por dia sentados no escuro, em um espaço exíguo, em túneis com altura de cinquenta centímetros. As próprias vagonetas para o transporte do carvão eram empurradas ou puxadas por crianças do interior das minas até os elevadores de carga — os vagões pesavam aproximadamente quatrocentos quilos e precisavam percorrer até seis quilômetros por dia. O trabalho de crianças e mulheres nas minas só se tornou ilegal em 1842, com a Lei das Minas. (Uma lei anterior fixara a carga horária de doze horas diárias para menores entre onze e dezoito anos, o que quase nunca era cumprido.) Ao descrever uma fábrica inglesa em 1815, um viajante ficou estarrecido com a quantidade de crianças no lugar e com sua jornada de trabalho: chegavam às seis da manhã e saíam às sete da noite, nunca podendo ver o sol. Ao contrário do trabalho rural, o serviço nas fábricas era extenuante tanto pelo tempo exigido quanto pelo trabalho de repetição. Além disso, a educação e o treinamento eram na "base do tapa". O relato de uma criança exemplifica bem o método: "Quando eu tinha cinco anos, minha mãe me levou à escola de rendas e deu à professora um xelim. Ela me ensinou por meia hora, bateu-me seis vezes na cabeça e esfregou-me o nariz contra alfinetes".[144]

A expectativa de vida de um trabalhador das classes mais baixas em Manchester era de dezessete anos. Em Liverpool, era de quinze, sendo que 52% das crianças nascidas na cidade morriam antes dos cinco anos de idade. Na mesma época, alguém que morasse na área rural poderia viver 38 anos. Ao chegar a Liverpool em 1839, um norte-americano ficou horrorizado: "Pobreza, pobreza, pobreza, em perspectivas quase infindáveis".[145] Em 1861, um censo realizado no país mostrou que 37% dos meninos e 21% das meninas entre dez a quatorze anos trabalhavam; jovens menores de dezoito anos representavam mais de um terço dos trabalhadores nas indústrias têxteis e um quarto nas minas de carvão da Inglaterra no início do século XIX. Nas ilhas britânicas, geralmente as crianças eram "compradas" em abrigos de indigentes ou de órfãos. No restante da Europa, a mão de obra provinha em sua maioria das penitenciárias; as condições sanitárias e as taxas de mortalidade infantil não eram melhores. Em Berlim, na Prússia, de seus mais de 520 mil habitantes, 10% viviam em sótãos, a maioria com mais de uma dezena de pessoas. Sujeira e promiscuidade andavam juntas. Em Chemnitz, na Saxônia, onde nasceu o filósofo socialista Karl Marx, aproximadamente 17% dos operários das fábricas eram crianças.

No Brasil a situação não foi muito diferente, embora a indústria tenha chegado mais tarde. Em 1890, do total de empregados em estabelecimentos industriais de São Paulo, 15% eram formados por crianças e adolescentes. Em 1920, menores de idade representavam 18,8% da força de trabalho no ramo têxtil, 10,4% na indústria do vestuário e 8,2% na de alimentação. Abusos e violência eram comuns. Em uma fábrica, após perder um gancho utilizado para retirar algodão do cilindro, uma menina foi esbofeteada e demitida pelo mestre; o pai, que trabalhava ao lado, espancou-a por ter perdido o emprego.[146] Nessa década, a escassez de mão de obra na agricultura levou o governo a criar núcleos coloniais com a ideia de que "a criança é melhor que o imigrante". Por iniciativa do Departamento Nacional de Povoamento, órgão do Ministério do Trabalho, Indústria e Comércio, no início da década de 1930 foram criados diversos pensionatos agrícolas que davam abrigo e atendiam crianças recolhidas nas ruas. Tudo visando à "formação do trabalhador nacional". As colônias foram extintas com o Estado Novo de Getúlio Vargas, mas relatórios posteriores identificaram-nas como "novas senzalas".

CRIANÇAS-SOLDADOS

O recrutamento de combatentes jovens sempre fez parte da história militar, e talvez a Alemanha Nazista seja o maior exemplo do engajamento de crianças e adolescentes em uma guerra. Em 1936, três anos após Hitler subir ao poder, havia 5,4 milhões de jovens alistados da Juventude Hitlerista; em 1939, às vésperas da Segunda Guerra, mais de 98% dos adolescentes alemães faziam parte dessa organização. Com a guerra, meninos entre doze e quatorze anos foram obrigados a lutar na frente de batalha — como na defesa de Berlim, em 1945 — ou a atuar na retaguarda, na remoção dos escombros dos bombardeios. Uma das divisões da SS, a 12ª Divisão Panzer Hitlerjugend, chegou a contar com 16 mil jovens. Outros 200 mil meninos e meninas (da Liga das Jovens Alemãs) trabalharam nas baterias antiaéreas.

Mas a participação de menores de idade em conflitos bélicos, infelizmente, não está relegada ao passado. Segundo a pesquisadora e ativista francesa Delphine Boutin, cerca de 8 mil crianças ou adolescentes ainda atuam como soldados no Afeganistão. Elas são cooptadas e usadas nas forças nacionais e na polícia afegã, da mesma forma que recrutadas por grupos fundamentalistas como o Jamat Sunat al-Dawa Salafia, a Haqqani ou o Hezb-e Islami — o talibã condena publicamente o uso de crianças, mas as Nações Unidas acreditam que por trás do discurso o grupo recrute soldados menores de dezoito anos de forma velada. Em 2011, mais de 80% dos 112 chamados homens-bomba eram, na verdade, "crianças-bomba" com idades entre treze e dezessete anos.[147]

O Estado Islâmico também se utiliza de soldados mirins. Em 2014, o EI sequestrou 153 crianças com idade entre treze e quatorze anos em Minbij, enquanto elas retornavam a Kobane depois de uma viagem escolar a Aleppo, na Síria. Os meninos foram levados a um campo de treinamento, onde permaneceram por quatro meses antes de serem libertados. Depois de uma lavagem cerebral, no entanto, alguns resolveram ficar com seus novos "irmãos", mesmo quando um emir do grupo tentou convencê-los a voltar para casa — foi o caso de Ahmed Hemak, filho único cujo pai estava morto, o que, segundo as leis islâmicas, deveria ter compelido o menino a cuidar da mãe. O EI também se utiliza de aplicativos modernos, como o Zello, para divulgar mensagens ou sermões do "califa" Abu Bakr al-Baghdadi, via smartphones e computadores. "Não ouça falar de nós, ouça de nós", é a propaganda.[148]

Desde 2013, o Unicef estima que 17 mil crianças tenham sido recrutadas no Sudão do Sul e mais de 10 mil na República Centro-Africana. Na Nigéria, 2 mil crianças foram alistadas pelo Boko Haram, um grupo fundamentalista islâmico que atua a partir do norte do país promovendo atentados e assassinatos em massa, como o de Baga, em 2015. No Iêmen, 1.500 menores foram engajados desde 2015. Em 2017, o Unicef anunciou que 65 mil crianças foram libertadas de forças militares ou de grupos armados desde 2007 (20 mil delas no Congo, quase 9 mil na República Centro-Africana e outras 1,6 mil no Chade). A declaração foi feita pelo diretor executivo da entidade, Anthony Lake, durante as comemorações do aniversário de dez anos dos "Compromissos de Paris", assinados por 58 países em 2007 na tentativa de acabar com a participação de crianças em conflitos bélicos. Ainda assim, em 2015 cerca de 30 mil crianças e adolescentes entre dez e dezenove anos morreram em guerras ou insurreições civis, intervenções policiais ou militares ao redor do mundo. Estimativas indicam que 250 mil menores de idade ainda atuem em grupos armados ou participem de conflitos bélicos.[149]

BACHA BAZI

Nada, no entanto, parece ser mais desumano do que os abusos sexuais perpetrados contra crianças ou adolescentes. Principalmente aqueles que são realizados sob a guarida de autoridades políticas e mantidos por meio de tradições seculares. É o caso do *bacha bazi*, "menino joguete" em tradução livre do dari (dialeto persa falado no Afeganistão), uma forma de escravidão e prostituição infantil comum no Afeganistão e em países vizinhos, como Paquistão, Turcomenistão, Tajiquistão e Uzbequistão.[150] O costume remonta à Bagdá dos séculos IX e X. Informações sobre a prática apareceram nos relatos de viagem do explorador britânico James Silk Buckingham pela Mesopotâmia, atual Iraque, em 1817; e nos do diplomata estadunidense Eugene Schuyler, no Turcomenistão, em 1877. Mais recentemente, em 2003, a antiga tradição apareceu no romance *O caçador de pipas*, do escritor afegão Khaled Hosseini. Em 2010, o *bacha bazi* foi tema do documentário *The Dancing Boys of Afghanistan*, "Os meninos dançarinos do Afeganistão", produzido pelo jornalista Najibullah Quraishi.

A prática *bacha bazi* consiste em sequestrar e manter como escravo sexual, como uma "concubina", meninos menores de idade, ainda imberbes, geralmente entre dez e dezessete anos. Possuir um *bacha bazi* não é considerado vergonhoso; pelo contrário, é um símbolo de *status* e autoridade em uma sociedade em que a segregação de gênero é tradicional. Em algumas sociedades muçulmanas radicais, como o Afeganistão, mulheres (e meninas) têm uma vida de restrições. Precisam vestir roupas que escondam todo o corpo, não podem viajar sem um acompanhante masculino, frequentam escolas exclusivas para meninas, não podem conversar ou manter qualquer contato com homens que não sejam familiares, incluindo médicos. Até mesmo o contato telefônico com homens é proibido. O namoro é inexistente e o sexo antes do casamento proibido e inaceitável socialmente. "Nasci menina num lugar onde rifles são disparados em comemoração a um filho homem, ao passo que as filhas são escondidas atrás de cortinas, sendo seu papel na vida apenas fazer comida e procriar", escreveu Malala, uma pachtun Prêmio Nobel da Paz, em 2014.[151] Em um ambiente tão misógino, "sexo com outro homem ou com um menino é muito mais acessível para os homens do que sexo com uma mulher ou menina", afirmou a pesquisadora dos direitos da mulher Heather Barr, da Human Rights Watch, uma organização internacional não governamental com sede em Nova York.

Segundo a tradição afegã, principalmente entre os tajiques e os pachtuns, a prática do *bacha bazi* não é considerada pedofilia nem homossexualidade — o que é proibido de acordo com as leis do islã e passível de pena de morte. "Mulheres são para dar filhos, meninos são para dar prazer", afirmam. Além da Sharia, os pachtuns ainda vivem sob o rígido código *Pachtunwali*, que prega o *nang*, a honra, como valor inestimável. Segundo esses princípios, um menino não é considerado homem até ter barba (*bacha bereesh*). Por isso, ao manter relações sexuais com um homem mais velho, ele não teria sua honra masculina diminuída — embora ser usado como escravo sexual possa trazer vergonha para a família e desonra para ele próprio. O dono, ou "mestre", de um *bacha bazi* é considerado "macho", nunca "homossexual". Quanto ao menino, apenas se ele mantiver atitude de passividade quando adulto será considerado um *bedagh*, homossexual ou gay.

Em 1996, quando os talibãs — um pequeno grupo de extremistas nacionalistas — tomaram a capital, Cabul, eles assumiram o controle do Afeganistão e impuseram com rigidez a lei islâmica por todo o país. As mulheres, por exemplo, foram obrigadas a usar a burca, uma peça de roupa caracterizada por cobrir todo o rosto e o corpo. Como relacionamentos homossexuais são proibidos entre os muçulmanos, o *bacha bazi* também foi abolido. Mas quando o governo talibã caiu com a invasão norte-americana em 2001, a prática voltou a ser comum, sendo adotada pelos senhores da guerra: comandantes militares, policiais, políticos e chefes tribais influentes.

Um *bacha bazi*, "menino joguete", em Samarcanda, no Uzbequistão, por volta de 1905. Manter meninos imberbes como escravos sexuais é uma prática antiga em países da Ásia Central.

Foto de Sergei Prokudin-Gorskii/Library of Congress. Reprodução

Depois de sequestrados de suas famílias, esses meninos afegãos são obrigados a viver como acompanhantes de policiais, soldados ou oficiais em postos de controle, pelos quais são usados como criados domésticos e abusados sexualmente. O governo da província de Uruzgan reconhece que há *bacha bazi* em quase todos os postos policiais da região. Os meninos mais bonitos são capturados por policiais ou senhores da guerra e vendidos por milhares de dólares para homens ricos. São obrigados a usar vestidos longos e multicoloridos, maquiagem, pulseiras e sinos, como uma dançarina. Por certo tempo eles recebem treinamento e aprendem a tocar instrumentos, cantar e dançar. Se o dono for muito importante, o *bacha bazi* pode ser obrigado a se exibir em luxuosos eventos privados, quando dançam para seus senhores, geralmente acompanhados de vários outros homens. Além do dinheiro, ganham presentes e têm todas suas despesas pagas.

Tão logo comece a apresentar barba, o *bacha bazi* é libertado e pode reivindicar o *status* de homem. A maioria, no entanto, permanece estigmatizada. Alguns entram em redes de prostituição, fazem programas ou agenciam outros garotos. Uma investigação realizada pela agência internacional AFP em diversas províncias afegãs descobriu que os talibãs, depois de terem sido derrubados do poder, têm empregado o *bacha bazi* contra as forças de segurança, recrutando meninos para lutar contra seus abusadores. Em um relatório de 2010, o governo dos Estados Unidos afirmou que diversos soldados e oficiais afegãos que haviam recebido treinamento militar do Exército americano abusavam sexualmente de meninos. Em 2012, foram pelo menos 470 os casos registrados, cem somente em Cabul. Um relatório de 2017 encontrou mais de 5.700 casos de violação aos direitos humanos entre as forças militares afegãs, dos quais muitos estavam relacionados a abusos sexuais. O Unicef, no entanto, acredita que o número de abusos sexuais no Afeganistão não vinculados à prática do *bacha bazi* seja ainda maior e mais rotineiro. Mas há uma razão para que os números reais sejam desconhecidos: não existem denúncias. O caso poderia ser encarado como homossexualidade e a pena, segundo as leis islâmicas, é a morte.

A segregação de gênero dentro da sociedade afegã e a falta de contato com as mulheres contribuem para a existência do *bacha bazi*. Mas essa prática também prosperou por falta de um estado de direito e de acesso à Justiça em um país estraçalhado por violentas guerras civis que promovem corrupção, analfabetismo, miséria e o caos há décadas. O estupro, por exemplo, só foi criminalizado em 2009, ainda assim, somente quando envolve mulheres. A noção de maioridade sexual é inexistente na lei afegã.

PROSTITUÍDAS E ABUSADAS

Em 2015, aproximadamente 150 milhões de meninas e 73 milhões de meninos foram abusados sexualmente ao redor do mundo. No Brasil, em 2016, cerca de 80% das 145 mil denúncias de violação aos direitos das crianças e adolescentes recebidas pela Ouvidoria Nacional do Ministério dos Direitos Humanos estavam relacionadas à violência sexual; quase a metade das vítimas era menor de sete anos de idade (43%).[152]

O Unicef calcula que 1,8 milhão de crianças sejam forçadas a entrar na prostituição anualmente. Países como Índia, Paquistão e Bangladesh têm altos índices de escravidão, boa parte relacionados ao tráfico sexual e à prostituição. A Fundação Walk Free, responsável pelo Índice Global de Escravidão, encontrou em Rajshahi, às margens do Rio Padma, em Bangladesh, várias meninas menores de quinze anos se prostituindo como forma de sobrevivência. Uma delas, Dipa, com apenas treze anos de idade, atendia quatro ou cinco homens por dia, recebendo quinze dólares por cliente. Suas duas irmãs mais velhas também eram prostitutas, mas a menina era a mais procurada, por ser a mais nova delas.[153]

No Brasil, estima-se que existam 250 mil crianças e adolescentes se prostituindo, principalmente nas regiões mais pobres do Sudeste e do Nordeste do país. Em 2010, a rede britânica de televisão BBC levou ao ar um documentário sobre o turismo sexual praticado no Brasil por europeus. Realizado pelo jornalista Chris Rogers, *Our World: Brazil's Child Prostitutes*, "Nosso Mundo: As Crianças Prostituídas do Brasil", revelou o submundo da prostituição infantil nas ruas de Recife e Fortaleza.[154] A BBC comparou o país à Tailândia, o principal destino de turismo sexual no mundo. Segundo Rogers, semanalmente operadoras de turismo trazem para as cidades brasileiras milhares de europeus em busca de sexo barato. As meninas têm entre doze e quatorze anos de idade em sua maioria, cobram dez reais pelo programa e, em muitos casos, são agenciadas pelas próprias mães, que auxiliam o turista indicando quartos de motel para serem alugados por hora. Muitos taxistas também oferecem "pacote completo": meninas, transporte e motel. Em alguns casos, o número de clientes passa de dez por noite. Parte do dinheiro financia o vício das drogas. Ao jornalista, meninas afirmaram ter começado a trabalhar nas ruas aos sete anos, outras aos nove. Travestis jovens também são comuns. Rogers encontrou meninos de doze e quatorze anos de idade.

Embora os números sejam maiores em países com altos índices de pobreza, a prostituição infantil também aparece em nações consideradas desenvolvidas ou ricas, principalmente em regiões que recebem imigrantes. (Somente entre novembro e dezembro de 2015, o número de crianças que atravessou a fronteira do México para os Estados Unidos foi de 10.558. Na Europa ocorre fenômeno semelhante, principalmente nos países do Mediterrâneo.) Em 2009, uma força-tarefa do FBI, batizada de "Força-Tarefa Inocência Perdida", resgatou de uma só vez 52 crianças e adolescentes que eram exploradas sexualmente em cassinos, paradas de caminhões e pela internet nos Estados Unidos. A ação prendeu setecentas pessoas, incluindo sessenta agenciadores de prostituição infantil. A criança mais jovem libertada tinha dez anos de idade. "A prostituição infantil continua a ser um problema grave em nosso país, evidenciado pela quantidade de crianças resgatadas", afirmou Kevin Perkins, então diretor-assistente do FBI. Somadas às ações de anos anteriores, o FBI já havia salvado quase novecentas crianças em situação semelhante; mais de quinhentas pessoas foram condenadas por conexão com os crimes e US$ 3,1 milhões apreendidos.[155]

CASAMENTO INFANTIL

Com base na Convenção Internacional sobre os Direitos da Criança, um casamento só é permitido a partir dos dezoito anos de idade na maioria das nações do mundo. (Apenas recentemente países como Chade, Malawi, Zimbábue, Costa Rica, Equador e Guatemala elevaram a idade mínima para casamentos conforme recomendação da Convenção Internacional.) De acordo com estimativas do Unicef, 15 milhões de meninas se casam anualmente antes de completarem a idade legal, o que, segundo a organização, reduz as oportunidades educacionais e de desenvolvimento, além de aumentar os riscos relacionados a problemas de saúde. Um estudo da organização de proteção à criança Save the Children identificou conexão direta entre casamento precoce, gravidez e mortalidade infantil. O resumo da situação é triste: violência doméstica e sexual, abuso, exploração e morte.

O casamento infantil é um "fenômeno de gênero" que afeta principalmente as meninas. Em 2015, era de 11,5 milhões o número de casamentos ilegais com garotas menores de idade no mundo. No Marrocos, havia pelo menos 100 mil crianças casadas; na Mauritânia eram 23 mil, cerca de 35% dos casamentos no país. E ainda há 82,8 milhões de meninas com idades de dez a dezessete anos que não estão legalmente protegidas contra casamentos infantis. (Embora sejam em menor número, meninos em casamentos ilegais também existem: no caso da Mauritânia, eles representam 28% dos casamentos de crianças.) Considerando legislações que permitem que pais ou juízes deem o consentimento para um casamento infantil, mais de 96 milhões de meninas estão vulneráveis a essas uniões, especialmente no Oriente Médio, no Norte da África, na África Ocidental e Central e no sul da Ásia. Mas a legislação sozinha não é suficiente para impedir o aumento do número de noivas menores de idade. Para Susanna Krüger, diretora executiva da Save the Children, "a religião, a cultura ou as estruturas sociais e patriarcais estão estreitamente entrelaçadas e são mutuamente dependentes". Até 2030 a ONU estima que seja de 130 milhões o número de meninas a se casar em países do sul da Ásia.[156]

A pobreza e a miséria são as principais mantenedoras do sistema de casamentos infantis. Famílias de áreas rurais e em situação de miséria são particularmente afetadas, forçadas a casar suas filhas menores com homens mais velhos. A Índia é um exemplo: há mais de 270 milhões de pessoas que vivem abaixo da linha de pobreza. O país também sofre com uma enorme disparidade entre os gêneros, o que acarreta uma grande disputa por candidatas a noivas. Nas áreas rurais, onde jovens em idade de casar migram para núcleos urbanos maiores, a falta de mulheres é considerada um dos principais fatores para o aumento do tráfico feminino, realizado para dar amparo a casamentos forçados. Dados de 2006 apontavam que cerca de 50% das mulheres casadas na Índia contraíram matrimônio antes da idade legal de dezoito anos. Os números de 2016 demonstram uma redução para 27%. Ainda assim, a Índia abriga um terço dos casamentos infantis do mundo. Em Uttar Pradesh, o mais populoso estado do país, há mais de 2,8 milhões de crianças com idade entre dez e dezoito anos casadas. Milhares de crianças e adolescentes ainda estão sujeitas aos chamados "casamentos temporários", contratos de curto prazo realizados entre as famílias pobres e turistas em viagem e cuja finalidade é a exploração sexual. (Além da Índia, casos semelhantes ocorrem também no Líbano, na Jordânia, no Marrocos e no Egito, onde há casos de crianças-noivas com onze anos de idade.) Embora nos últimos anos reformas na Justiça criminal sinalizem progresso, as mulheres indianas ainda sofrem com o alto risco de agressão sexual e violência doméstica, reflexo dos casamentos infantis, dos tabus religiosos e do rígido sistema de castas.[157] A Índia segue entre os dez países com as maiores taxas de casamento infantil no mundo — além de Bangladesh, vizinho da Índia, todos os outros países são africanos: Níger, República Centro-Africana, Chade, Mali, Burkina Faso, Guiné, Sudão do Sul e Moçambique. Em outubro de 2017, o Supremo Tribunal da Índia derrubou uma exceção à lei que permitia a relação sexual entre um homem e a esposa com idade entre quinze e dezoito anos. (A lei indiana considerava estupro o sexo consentido com uma mulher menor de 16 anos, mas abria exceção para casamentos em que a noiva fosse maior de 15 anos.) De acordo com a nova determinação, se um homem tiver relações sexuais com uma esposa menor de 18 anos, o ato será considerado crime e o esposo poderá ser processado por estupro — isso, claro, se a noiva prestar queixa. Para o ativista Vikram Srivastava, fundador do grupo Independent Thought, que atua em questões de direitos de mulheres, crianças e comunidades marginalizadas, "o veredito dá um impulso à campanha nacional intitulada *Beti Bachao, Beti Padhao* ("salve a menina, eduque a menina", em híndi)".[158]

TRABALHO INFANTIL HOJE

Um estudo da Organização Internacional do Trabalho apresentado em setembro de 2017 na sede das Nações Unidas, em Nova York, estima que 152 milhões de crianças ou adolescentes tenham sido submetidos a algum tipo de trabalho infantil em 2016 — 88 milhões de meninos e 64 milhões de meninas.[159] Uma em cada dez crianças ou adolescentes entre cinco e dezessete anos de idade foi explorada de alguma forma ao redor do mundo. Aproximadamente 73 milhões exercem o que a organização define como trabalho perigoso. O Unicef considera trabalho infantil qualquer atividade realizada por menores de doze anos de idade, qualquer trabalho árduo exercido por adolescentes entre doze e quatorze anos, e todo trabalho realizado por menores de 18 anos que esteja enquadrado no que a OIT considera formas perigosas e nocivas, com risco à saúde ou à segurança e prejudicial ao desenvolvimento moral. Segundo a convenção número 182 da organização, de 1999, isso se aplica às atividades decorrentes do tráfico de menores, ao uso de crianças ou de adolescentes em conflitos armados, à prostituição, ao uso de menores para atividades ilícitas, como a produção e o tráfico de drogas, e, claro, ao trabalho forçado. Entre as formas especialmente nocivas de trabalho infantil estão o trabalho em lixões, canaviais, minas de carvão, funilarias, metalurgia, pedreiras e construção civil.

Jan Mornod, de onze anos, trabalha em uma pedreira no Rajastão, norte da Índia. Em 2016, segundo o Unicef, aproximadamente 73 milhões de crianças exercem atividades consideradas perigosas ou nocivas, com risco à saúde ou à segurança, e prejudiciais a seu desenvolvimento moral.
Foto de Sophie Elbaz/Getty Images

O maior contingente de trabalhadores infantis está na África, onde 72,1 milhões de crianças são exploradas. Ásia e Pacífico contam com 62 milhões, as Américas com 10,7 milhões, Europa e Ásia Central outros 5,5 milhões. Os Estados árabes se valem do trabalho de aproximadamente 1,6 milhão de crianças. A maioria dos explorados tem idade entre cinco e onze anos (48%). Os que têm entre doze e quatorze anos somam 28%, e o grupo de quinze a dezessete anos perfaz

24%. Pouco mais de 70% dos menores estavam empregados na agricultura e 12% na indústria.

No Brasil, até quatorze anos de idade o trabalho é expressamente proibido segundo a legislação vigente. Entre essa idade e dezesseis anos é possível atuar na condição de aprendiz. Depois dos dezesseis anos há permissão parcial, sendo proibidas "atividades noturnas, insalubres, perigosas e penosas". Ainda assim, em 2016, o país tinha mais de 1,8 milhão de crianças e adolescentes entre cinco e dezessete anos no mercado de trabalho, a maioria sem qualquer proteção garantida pela Constituição Federal, pelo Estatuto da Criança e do Adolescente e/ou pela Lei do Aprendiz. Do grupo mais numeroso, com 1,2 milhão de trabalhadores, em faixa etária entre 16 e 17 anos, mais de 70% não tinham carteira de trabalho assinada. Pelo menos 30 mil crianças entre cinco e nove anos de idade estavam trabalhando no Brasil; entre dez e treze anos de idade eram 160 mil trabalhadores. Das 190 mil crianças entre cinco e treze anos identificadas, negras ou pardas correspondiam a 71,8%.

NIE — BLANKES
NON — WHITES

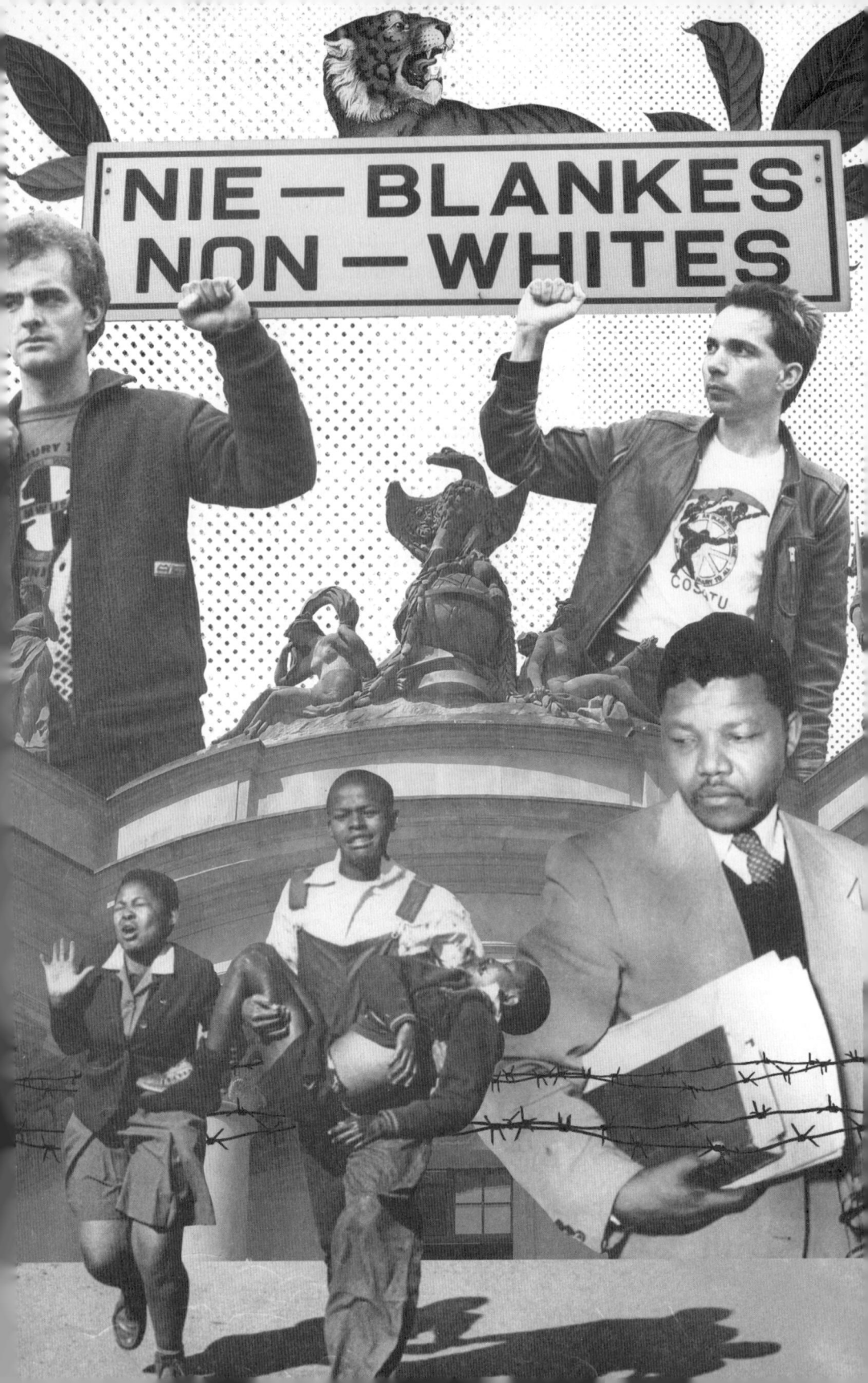

9. GENOCÍDIO E SEGREGAÇÃO

As políticas segregacionistas norte-americanas tiveram início no século XVII e só acabaram na década de 1960. No Continente Negro, as potências europeias disputaram palmo a palmo o território africano; o resultado foram os genocídios de populações nativas, como os perpetrados pelo rei Leopoldo II e pelo kaiser Guilherme II. As políticas de segregação racial tiveram fim apenas nos anos 1990, com a revogação do apartheid.

Ao contrário do que ocorreu na América Latina, a miscigenação na América inglesa não apenas era malvista socialmente como era proibida por força de lei. Nos Estados Unidos, qualquer pessoa que contivesse uma única gota de sangue africano era considerada "negra"; na Virgínia, bastava que um avô fosse negro para que o indivíduo passasse a ser classificado como negro, não importando quão branca fosse sua pele ou caucasiana sua fisionomia. O casamento inter-racial nesse estado era legalmente proibido desde 1662. Quase que simultaneamente, outros seis estados norte-americanos promulgaram leis semelhantes. No século XIX, 38 estados tinham proibido casamentos inter-raciais. Em 1915, ainda eram 28 as unidades da federação que vetavam o que era considerado uma anormalidade, sendo que dez delas haviam tornado constitucional a miscigenação. Uma emenda à Constituição do país, para proibir uniões entre brancos e negros, chegou a ser proposta em 1912.

Na Província da Carolina, a base da vida política e social estava na propriedade privada, o que incluía não apenas terras, mas também seres humanos. Em um dos artigos das "Constituições Fundamentais", do fim do século XVIII, John Locke escreveu que "todo homem livre da Carolina terá absoluto poder e autonomia sobre escravos negros, qualquer que seja sua opinião ou religião".[160] O conjunto de leis que veio na sequência, na década de 1740, proibia brancos de ensinar negros a ler e a escrever e não permitia que escravos deixassem casas ou plantações sem acompanhamento de homens brancos, dando a estes o direito de deter e revistar negros que estivessem sozinhos, assim como puni-los com chicotadas. Qualquer rebelião ou insurgência contra um branco, chamados de "buckra", era punida com o enforcamento. O historiador britânico Niall Ferguson afirmou que a "Terra da Liberdade parecia ser, para cerca de um quinto de sua população, a Terra da Escravidão Permanente".

EU TENHO UM SONHO

O resultado imediato da Guerra Civil americana, um conflito de quatro anos que opôs estados escravistas e abolicionistas, foi a derrocada do regime escravocrata, em 1865. A abolição, no entanto, não significou o término da segregação na sociedade estadunidense, tampouco o fim do preconceito racial. Principalmente nos estados do sul, negros e brancos não podiam frequentar o mesmo bar, não usavam o mesmo banheiro nem se sentavam juntos em um ônibus. As escolas públicas também eram separadas. O racismo e o preconceito eram externados por grupos brancos extremistas como a Ku Klux Klan, uma organização secreta criada pelos confederados derrotados e que ao longo de um século se destacou por atacar ex-escravos negros ou promover atos violentos contra a comunidade afro-americana em nome da "supremacia branca". O grupo chegou a ter 4 milhões de adeptos antes de se dissolver na década de 1970.

O movimento negro contra a discriminação racial ganhou força após a Segunda Guerra, quando milhares de soldados afro-americanos lutaram por liberdade nos céus ou nos campos de batalha da Europa e do Pacífico, ainda que não a tivessem em seu próprio país. Mesmo aqueles que haviam dado significativa contribuição ao esforço de guerra foram marginalizados — caso das quase cinquenta mulheres negras que atuaram na indústria aeronáutica e na Nasa entre 1943 e 1980; conhecidas como "computadores humanos", só recentemente suas histórias vieram à tona com o livro de Margot Shetterly e um filme produzido por Hollywood.[161]

Na década de 1950, o reverendo batista Martin Luther King Jr. passou a liderar um movimento político de resistência e transformação social por meio da não violência, baseado nas ações de Mahatma Gandhi na Índia, libertada da Grã-Bretanha em 1947.

Em 1954, a Suprema Corte dos Estados Unidos proibiu políticas segregacionistas em escolas públicas, em virtude de um processo aberto por Oliver Brown, do Kansas. Ele era pai de Linda Brown, menina que estudava em uma escola para negros localizada a mais de vinte quarteirões de sua casa, enquanto uma escola que só aceitava brancos ficava a apenas cinco quadras de sua residência. Brown requereu e ganhou o direito de Linda estudar mais perto de onde moravam. Em 1955, em Montgomery, no Alabama, quando a costureira Rosa Parks negou ceder seu lugar no ônibus a uma mulher branca, como previa a lei, ela foi presa. O reverendo Martin Luther King Jr. passou, então, a liderar o boicote aos ônibus, pontapé inicial das grandes manifestações pacíficas que se seguiriam. Depois de um ano, o boicote e a pressão popular atingiram o objetivo: a Suprema Corte decidiu tornar ilegal a discriminação racial em transportes públicos. Certo de que a ação pacífica renderia frutos, Luther King organizou e liderou a população negra estadunidense na luta por direito ao voto, pelo fim da segregação e pela garantia dos direitos civis básicos. Em 1959, na "Marcha da Juventude pela Integração nas Escolas", ele declarou aos estudantes: "Façam uma carreira de humanidade. Comprometam-se com a nobre luta pela igualdade de direitos. Vocês podem fazer de si mesmos grandes pessoas, de sua nação um grande país, e do mundo um lugar melhor para se viver".[162] Era uma "Revolução Negra". Em 28 de agosto de 1963, durante a "Marcha sobre Washington por Trabalho e Liberdade", diante do Memorial a Lincoln ele pronunciou o célebre discurso: "Eu tenho um sonho de que, um dia, nas rubras colinas da Geórgia, os filhos de antigos escravos e os filhos de antigos senhores poderão sentar-se juntos à mesa da fraternidade. [...] Eu tenho um sonho de que meus quatro filhos pequenos vão um dia viver em uma nação onde serão julgados não pela cor de sua pele, mas pelo conteúdo de seu caráter". Nesse mesmo ano, em seu discurso de posse, o governador eleito do Alabama, George Wallace, proclamava aos quatro ventos seu lema e o de grande número de pessoas brancas nos estados do sul dos Estados Unidos: "Segregação agora! Segregação amanhã! Segregação sempre!".

Líderes da "Marcha sobre Washington por Trabalho e Liberdade", em agosto de 1963, com o Reverendo Martin Luther King Jr. ao centro: "Eu tenho um sonho de que meus quatro filhos pequenos vão um dia viver em uma nação onde serão julgados não pela cor de sua pele, mas pelo conteúdo de seu caráter".

Foto de Robert W. Kelley/Getty Images

Enquanto Luther King pregava um caminho de não violência, outro líder negro seguia a direção contrária. Malcon X baseava suas ações no socialismo, no islamismo e em um nacionalismo radical em que a violência era encarada como uma forma de autodefesa. Seu pensamento e ações serviriam de base para outro grupo extremista, os "Panteras Negras".

Luther King ganhou o Prêmio Nobel da Paz em 1964, ano em que o Congresso norte-americano aprovou, e o presidente Lyndon Johnson sancionou, a Lei de Direitos Civis. No ano seguinte, foi promulgada a Lei de Direitos Eleitorais. Mas a segregação ainda era uma realidade em muitos lugares dos Estados Unidos quando Luther King foi assassinado, em 1968. Nesse mesmo ano, Wallace se candidatou à presidência do país. Ele não derrotou Richard Nixon, mas venceu em cinco estados, fazendo quase 10 milhões de votos. Até 1967, das 50 unidades da federação, 16 ainda mantinham leis que proibiam o casamento inter-racial. Só com o processo movido por Richard Loving (um homem branco) e Mildred Jeter (uma mulher negra) contra o estado da Virgínia é que a Suprema Corte decidiu abolir a lei — curiosamente, o processo foi denominado *Loving versus Virgínia* (*Love* significa "amor" em inglês).[163] Os dois haviam se casado em Washington, em 1958, e foram presos ao retornar para seu estado natal. Ainda assim, o Tennessee manteve a proibição até 1978, e o Mississipi até 1987.

No Brasil, a abolição da escravatura também não significou o fim do preconceito racial alicerçado sobre quatro séculos de escravidão. O negro continuou marginalizado, segregado e sem acesso à educação e às melhores condições econômicas. Somente em 1951, com a Lei Afonso Arinos (Lei 1.390/1951), que estabeleceu punição para todos os atos de discriminação racial, as congregações religiosas do Brasil foram obrigadas a retirar de seus estatutos e normas internas qualquer artigo ou cláusula que proibisse a entrada de negros e mestiços para a vida religiosa. A lei considerava racismo e contravenção penal, ainda, recusar a venda de mercadorias ou o atendimento de clientes em restaurantes, bares, confeitarias, associações, agremiações ou locais públicos por "preconceito de raça ou de cor"; recusar hospedar alguém em hotel ou pensão pelo mesmo motivo; negar a inscrição de aluno negro em estabelecimentos de ensino; e negar emprego a negros em autarquias, sociedades de economia mista, empresas concessionárias de serviço público ou empresas privadas.

O projeto de lei fora proposto pelo político mineiro Afonso Arinos de Melo Franco, vice-líder da União Democrática Nacional (UDN) na Câmara dos Deputados. A lei, promulgada pelo presidente Getúlio Vargas em 3 de julho de 1951, previa aos infratores pena de prisão de três meses a um ano e multa de até 20 mil cruzeiros. Mas, curiosamente, a lei que protegeria os negros brasileiros do preconceito racial teve como inspiração a discriminação sofrida por uma estrangeira. Em turnê pelo mundo, em 1950, a bailarina estadunidense Katherine Dunham, natural de Chicago, Illinois, foi impedida de se hospedar no Hotel Serrador, no Rio de Janeiro, por ser negra. A imprensa brasileira deu pouca importância ao caso, mas a repercussão nos Estados Unidos e no exterior foi extremamente negativa para a imagem do Brasil. A Lei Afonso Arinos seria substituída em 1989 pela

Lei 7.716, de autoria do deputado Carlos Alberto Oliveira dos Santos, o Caó, do Partido Democrático Trabalhista (PDT) carioca. A lei do soteropolitano negro transformou em crime o que era considerado até então apenas contravenção penal. A pena foi ampliada para até cinco anos de prisão. O deputado já havia sido o autor da "Lei Caó" (Lei 7.437, de 1985), que estabelecia as práticas a serem consideradas racismo pela Lei Afonso Arinos, mas a conduta ainda era tida somente como contravenção. Após a promulgação da nova Constituição, em 1988, a lei de 1985 foi substituída pela de 1989, que passou a considerar racismo crime, regulamentando ainda seu caráter inafiançável e imprescritível.

O REI E O KAISER

Quando a partilha da África foi concluída no fim do século XIX e começo do XX, aproximadamente 10 mil Estados ou organizações políticas africanas haviam sido transformados em não mais do que quarenta colônias ou protetorados europeus. Na Ásia, ocorreu o mesmo; com exceção do Japão e, talvez, da China, todas as autonomias estavam direta ou indiretamente sob jugo de países da Europa, em sua maioria Inglaterra ou França.

As fronteiras dos novos "Estados" africanos, delimitadas e impostas por diplomatas europeus, não respeitavam as divisas de monarquias e lideranças tribais nativas; etnias e sociedades inteiras foram simplesmente divididas ou agregadas a outras, por vezes, inimigos figadais. O território dos bakongos, por exemplo, foi repartido entre franceses e belgas (Congo) e portugueses (Angola). Ao longo dos rios Níger e Benue, a Inglaterra criou a Nigéria, que reunia sob a mesma jurisdição diversos povos e mais de trezentas línguas diferentes.[164]
Na maioria dos casos, a administração colonial era minúscula, deixando para chefes locais a responsabilidade de manter a ordem, arrecadar impostos e fornecer mão de obra para investidores europeus. Projetos públicos ou privados, como a construção de ferrovias, usavam trabalho forçado (um eufemismo para trabalho escravo), e o incentivo ao abastecimento do mercado na Europa favoreceu o cultivo de grandes plantações pelos novos senhores das terras negras. Cacau, amendoim, algodão, café e azeite de dendê passaram a ser produzidos

em larga escala, e a extração de ouro, marfim e diamantes ganhou novo estímulo. O europeu agora não mais comerciava escravos ou produtos de seu interesse apenas nos portos do litoral. Eles haviam levado a Europa ao coração da África, os avanços e também tudo o que o Velho Mundo podia ter de nocivo.

Até a década de 1890, a seiva da borracha extraída das florestas tropicais do Congo tinha pouco valor comercial. Mas a invenção do pneu para bicicletas e depois para automóveis atraiu rapidamente o interesse pela produção, que basicamente não necessitava de maquinário ou grandes investimentos, apenas mão de obra. Em 1892, o rei Leopoldo II da Bélgica concedeu à Abir — sigla em inglês para Companhia Anglo-Belga de Borracha das Índias — o direito exclusivo de explorar os produtos tropicais pelo período de trinta anos. O "Estado Livre do Congo", também conhecido como Congo Belga, tinha mais de quatro vezes o tamanho da Bélgica. Tudo o que o rei exigia era a participação de 50% nos lucros da empresa. Em 1890, o Congo havia exportado apenas cem toneladas; em 1901 foram mais de 6 mil.

Além da borracha, a conquista do Congo havia possibilitado a Leopoldo uma fonte quase inesgotável de marfim. Em 1893, com auxílio de tribos rivais, os belgas conquistaram cidades no interior do continente que havia séculos traficavam com árabes e europeus. Somente em Kasongo as tropas de Leopoldo capturaram 25 toneladas de marfim e uma enorme quantidade de armas e munições, além de diversos outros produtos. O rei belga, que o historiador David Landes chamou de "a venalidade coroada", enriqueceu, comprou propriedades em Bruxelas e na França.[165] Mas também usou a riqueza para financiar um grandioso programa de obras públicas, construção de palácios e parques na Bélgica, o que lhe valeu, na época, a reputação de "monarca filantropo". Em 1895, no entanto, um missionário estadunidense enviou uma carta ao jornal *Times*, de Londres: "Cada cidade no distrito é forçada a trazer certa quantidade de borracha para a sede do comissário aos domingos. É coleta pela força. Os soldados conduzem as pessoas ao mato. Se elas não vão, são derrubadas e as mãos esquerdas cortadas e levadas como troféus para o comissário".[166] Aparentemente surpreso e chocado com o relatório, o rei ordenou que "essas vilanias" cessassem. Não queria ser "salpicado de sangue ou lama". Mas na prática, nada foi feito. Os lucros da borracha atingiam 700% ao ano.

Em 1901, no ápice da produção, Edmund Morel descobriu que os lucros do rei eram ainda maiores. O trabalho de Morel para uma companhia inglesa de transportes o colocou a par de relatórios de funcionários do Congo na Bélgica e nos Países Baixos: os navios que traziam a borracha da África voltavam carregados de armas e munição. "Só o trabalho forçado de um tipo terrível e contínuo poderia explicar tais lucros", escreveu ele, "trabalho forçado de que o governo do Congo foi beneficiário imediato, trabalho dirigido pelos colaboradores diretos do próprio rei". O cônsul inglês Roger Casement deu o golpe final na reputação de Leopoldo: soldados belgas torturavam ou atiravam em homens, mulheres e crianças que não traziam a quantidade estipulada de borracha; incendiavam aldeias inteiras, assassinavam ou cortavam mãos e orelhas de fugitivos. Somente em Bolobo, às margens do Rio Congo, de uma população de 40 mil habitantes restaram apena mil. Acossado pela crítica internacional a deixar a colônia africana, Leopoldo declarou que "meus direitos sobre o Congo não podem ser partilhados". Em 1908, ele cedeu, mas somente após receber uma exorbitante quantia em dinheiro — não por menos o historiador britânico Eric Hobsbawm se referia a ele como "um homem de negócios coroado".[167] Aproximadamente 10 milhões de pessoas haviam sido assassinadas.

A Alemanha foi a última potência europeia a requerer seus "direitos" sobre a África. Os vários pequenos Estados de língua alemã na Europa foram unificados em 1871 sob a coroa de Guilherme I da Prússia, mas seu principal artífice fora seu primeiro-ministro Otto von Bismarck, o "chanceler de ferro". À Alemanha coube a exploração dos territórios de Togo, Camarões, África Oriental (Tanzânia), Ruanda, Burundi e Sudoeste Africano Alemão (Namíbia). Em 1883, a *Deutsche Kolonialverein*, "Associação Colonial Alemã", assumiu o controle desse último após o fracasso particular do mercador Adolf Lüderitz.[168] O Sudoeste Africano nunca entusiasmou os alemães; era um território árido, desolado e estéril, sem a opulência dos trópicos, não tinha ouro ou diamantes. A única riqueza da região era o gado bovino dos pastores namas e hereros, além do vale fértil de Windhoek.

Nesse local, o capitão Curt von François construiu um forte em 1890 e estimulou algumas dezenas de colonos alemães a plantar.

Quando um conflito entre as tribos locais surgiu, François tomou partido dos hereros – uma velha máxima colonialista, muito usada pelos britânicos: dividir para conquistar. A fim de evitar uma derrota de ambos diante da ocupação alemã, o líder nama Hendrik Witbooi tentou inutilmente um acordo com o chefe herero Tjimuaha. Em 1892, Witbooi foi procurado por François em seu acampamento em Hoornkrans, mas rechaçou qualquer proposta de aliança. Depois de receber reforços da Alemanha, em abril de 1893 François atacou os namas. Surpreendido, Witbooi ordenou que seus homens fugissem, na esperança de que as forças alemãs não atacariam mulheres e crianças indefesas. Estava errado; pelo menos 78 mulheres e crianças foram mortas e outras oitenta levadas para a colônia de Windhoek e vendidas como escravas. Em 1902, os alemães concluíram uma estrada de ferro de mais de trezentos quilômetros ligando o porto de Swakopmund a Windhoek, e mais colonos chegaram. A população branca era então de aproximadamente 4,7 mil pessoas. A população nativa era muitas vezes mais numerosa, e se mostrava descontente em ver a terra de seus ancestrais invadida e profanada por estrangeiros. As hostilidades entre alemães e africanos estavam à beira de um conflito armado.

Em 1904, um princípio de revolta fez que o kaiser Guilherme II, avisado em Berlim do ocorrido, despachasse para a África o general Lothar von Trotha. Com ordens para usar de "meios justos ou desleais", o oficial declarou: "Vou destruir as tribos rebeldes derramando rios de sangue e dinheiro". Ao chegar ao Sudoeste Africano, Trotha tinha a seu dispor 6 mil soldados (incluindo guerreiros de várias tribos africanas); seu oponente, Samuel Maherero, tinha oito vezes mais homens, aproximadamente 50 mil guerreiros hereros. Mas a vantagem numérica não foi suficiente diante da superioridade bélica. Maherero recuou e se entrincheirou em Waterberg. Não houve negociações, Trotha emitiu uma ordem de extermínio às suas tropas: matar tantos hereros quanto fosse possível. Depois que as "Patrulhas de Limpeza" executaram todos que estavam a seu alcance, restaram apenas 15 mil dos cerca de 80 mil hereros. Cerca de 2 mil conseguiram fugir, atravessando o Deserto do Kalahari para chegar à Bechuanalândia britânica. Os nativos capturados, incluindo mulheres e crianças, foram levados para campos de trabalho forçado. "Eles tinham que trabalhar sob os porretes dos superintendentes até a exaustão", escreveu um religioso alemão, "como gado, centenas de pessoas foram levadas à morte e, como gado, eram enterradas".[169] Os namas tiveram o mesmo destino: de uma população de aproximadamente de 20 mil pessoas, só a metade sobreviveu às patrulhas alemãs de extermínio. As terras hereros e namas foram expropriadas pelo kaiser, que as entregou aos colonos alemães. O triunfo germânico, porém, não durou muito. Com o início da Primeira Guerra Mundial, em 1915 os britânicos invadiram e ocuparam o Sudoeste Africano. Com a derrota da Alemanha na Grande Guerra e a assinatura Tratado de Versalhes em 1919, todas as possessões alemãs na África foram repartidas entre França e Inglaterra.

Guerreiros hereros, prisioneiros em 1904, no Sudoeste Africano Alemão (hoje Namíbia). O Exército Colonial Alemão exterminou mais de 60 mil hereros. Os que sobreviveram, homens, mulheres e crianças, foram levados para campos de trabalho forçado.

Getty Images

APARTHEID

Desde que os holandeses da Companhia das Índias Orientais decidiram construir *De Kaap*, "O Cabo", em 1652, a região mais austral do continente africano viveu o choque entre conquistadores e populações nativas como talvez nenhum outro lugar na África. Os primeiros enfrentamentos se deram entre os bôeres — assim chamados os fazendeiros holandeses de origem calvinista —, os khoikhoi e os san. No século seguinte, escravos da África Oriental foram trazidos para o sul, assim como escravos malaios, da Ásia. O resultado foi um considerável aumento da população miscigenada e uma região altamente instável. No avanço para o interior, em direção ao norte e a leste, os bôeres encontraram os xhosa pelo caminho. Houve dificuldades, mas esses também foram batidos — pelo menos temporariamente. Em 1806, a Holanda foi vencida pela Inglaterra em uma guerra na Europa e obrigada a deixar a administração da região. Os ingleses tomaram *De Kaap* e o denominaram *Cape Town*, "Cidade do Cabo". Os novos donos deram impulso à expansão da cidade, agora com 25 mil europeus e 30 mil escravos negros, e ampliaram também o território conquistado. O aumento da influência inglesa e bôer na região se chocou com outro império em ascensão: o belicoso povo zulu, governado pelo soberano Shaka. Em 1838, um confronto entre 12 mil zulus e seiscentos bôeres terminou com três europeus feridos e mais de 3 mil guerreiros africanos mortos. Os xhosa também acabaram derrotados pelos ingleses, em 1857 — dessa vez, em definitivo. A descoberta de diamantes e de ouro na região, entre 1867 e 1886, trouxe acirramento das tensões entre o governo britânico e os bôeres. Dois violentos conflitos ocorreram entre 1880 e 1902. Os ingleses venceram, anexaram as repúblicas bôeres às colônias britânicas e enviaram os vencidos para campos de concentração.

Assim, em 1910, surgiu a União Sul-Africana, que incluía as antigas colônias holandesas e inglesas. Em 1931, a União se tornou independente da Inglaterra, embora se mantivesse na esfera de influência de Londres. Era um país dividido. De um lado, brancos ingleses e africâneres, como passaram a ser chamados os bôeres; do outro, os nativos africanos, divididos em diversas tribos, povos e línguas. A população branca era de apenas 2,4 milhões, enquanto a maioria negra passava de 9 milhões.[170] Por causa da influência colonial, o governo era liderado por uma minoria branca. Quando os nativos se mobilizaram em greves por melhores condições de trabalho e salários, em 1946, surgiu entre os brancos o temor do "perigo negro". Um antigo desejo africâner de segregação, surgido em meados da década de 1930, passou a fazer sentido e começou a ganhar força: o *apartheid*, "separação". Durante as eleições de 1948, o Partido Nacional africâner lançou seu manifesto tendo o *apartheid* como bandeira: negros seriam segregados em transportes públicos, na educação e na política; seriam tratados como subordinados e mantidos fora das áreas urbanas, onde vivia a minoria branca. Quando Daniel Malan assumiu, até mesmo os anglófonos foram afastados do governo, das Forças Armadas e da polícia. "A África do Sul pertence a nós novamente", afirmou ele. Seu governo e os seguintes instituíram uma série de leis, regulamentos e normas nacionalistas com a finalidade de manter os brancos no poder e com melhores condições sociais e econômicas; construíram o que o historiador Martin Meredith chamou de "o edifício racial mais elaborado que o mundo já viu". Basicamente, a estrutura segregacionista do *apartheid* repousava sobre a Lei do Registro da População, que exigia que todas as pessoas fossem classificadas em um dos três grupos raciais estabelecidos pelo governo: branco, de cor (miscigenado) ou africano. Cada grupo só poderia ter residência em determinada área e somente teria acesso livre a ônibus, trens, restaurantes, bares ou teatros que fossem indicados para a sua raça. Dessa forma, surgiram bairros ou cidades-moradia como os *South Western Townships*, "Bairros do Sudoeste", em Joanesburgo — mais conhecido por Soweto, o distrito se tornaria famoso por ser o foco dos movimentos anti-*apartheid*.

Por todo lugar apareceram cartazes indicativos: *Slegs vir Blankes*, "Apenas brancos", e *Nie Blankes*, "Não brancos". As repartições públicas ganharam portas e balcões separados e todos os funcionários negros foram substituídos por brancos. Os parques públicos receberam bancos distintos para africâneres e nativos, e até mesmo as praias do país foram separadas. As relações sexuais inter-raciais foram terminantemente proibidas. O *apartheid* atingiu inclusive o príncipe Seretse Khama, herdeiro de uma família real africana, do protetorado britânico de Bechuanalândia, vizinho à África do Sul. Ao se casar com a inglesa Ruth Williams, em 1952, Khama precisou exilar-se na

Grã-Bretanha. Ele voltou à África anos mais tarde para liderar o movimento de independência de seu país e se tornar o primeiro presidente de Botsuana.[171] E a segregação ia mais longe, restringindo também a liberdade de movimento dos negros: nenhum africano poderia permanecer mais de 72 horas em uma área urbana, salvo se residisse no local há mais de quinze anos ou trabalhasse para um empregador branco por dez anos. Por último, os registros eleitorais de africanos foram cassados.

MADIBA

A segregação parecia não ter fim. Em 1958, o holandês Hendrik Verwoerd foi eleito primeiro-ministro do país com a ideia de que a África do Sul precisava ser dividida em territórios brancos e negros, sendo estes repartidos em oito regiões étnicas administradas por sistemas de governo adequados à formação tribal de cada um dos grupos. Uma vez mais, dividir para governar. A fim de combater o endurecimento do *apartheid*, uma nova geração de líderes africanos surgiu dentro do Congresso Nacional Africano (CNA), um movimento político criado em 1940 para lutar pelos direitos da população negra na África do Sul. Entre eles estava Nelson Mandela, um jovem estudante de direito nascido em 1918, na aldeia de Mvezo, em Transkei, na tribo *thembu*, clã dos Madiba — mais tarde, Mandela seria conhecido internacionalmente por "Madiba".[172] Mandela estudou por um tempo na Universidade de Fort Hare, em Alice, o mais importante centro educacional para africanos no país — além de Mandela, outros proeminentes líderes africanos estudaram em Fort Hare, como Robert Mugabe, presidente e depois ditador do Zimbábue, e Seretse Khama. Mas ele deixou a universidade para fugir de um casamento arranjado, seguiu para Joanesburgo, encontrou emprego em um escritório de advocacia de judeus e se formou por correspondência. Em 1952, o CNA estava disposto a correr riscos e organizou a "Campanha de Desafio", que visava encontrar voluntários dispostos a quebrar as regras do *apartheid*. Em pouco tempo, 8 mil pessoas foram presas por descumprir toques de recolher ou usar espaços reservados para brancos em trens. Nessa mesma época, Mandela conseguiu abrir o primeiro escritório de advocacia de negros no país, em sociedade com Oliver Tambo, seu ex-

-colega em Fort Hare. Em 1955, o CNA elaborou a "Carta da Liberdade", em que defendia uma África do Sul multirracial e o direito de todos os cidadãos votarem, exercerem cargos públicos e serem tratados como iguais perante a lei. O governo considerou a carta parte de uma conspiração e prendeu mais de 150 ativistas, incluindo brancos. Após quatro anos de julgamentos, o caso foi encerrado. Mas o CNA ganhou um movimento adversário, o Congresso Pan-Africanista (CPA).

Para os africanistas, a África pertencia aos verdadeiros donos das terras, os negros; os europeus eram invasores. Em 1960, uma manifestação organizada pelo CPA acabou no que ficou conhecido como "massacre de Sharpeville" — a polícia abriu fogo contra a multidão, matou 69 e feriu mais de 180 pessoas. A violência policial gerou mais protestos e manifestações, e o governo acabou proibindo ações do CNA e do CPA, além de prender diversos líderes. Na clandestinidade, Mandela percorreu o país, mas não alcançando seus objetivos chegou à conclusão de que o único caminho para derrubar o *apartheid* era o da violência. Aliado a revolucionários do Partido Comunista, Mandela criou o *Umkhonto we Sizwe*, a "Lança da Nação", cujo objetivo era promover ataques e sabotagens que pudessem intimidar comerciantes, investidores estrangeiros e causar dano suficiente que levasse o governo a mudar de posição. Amparado na Lei da Supressão do Comunismo, o governo sul-africano agiu rápido, prendeu não apenas os líderes como também toda documentação relativa à produção de armamentos, recrutamento e treinamento de guerrilha — documentos encontrados confirmaram que o grupo era financiado pelo bloco comunista, liderado pela União Soviética. Em 1964, Mandela e oito líderes do *Umkhonto we Sizwe* foram condenados à prisão perpétua, e a luta contra a segregação arrefeceu. O movimento só voltaria à tona uma década mais tarde, quando a ditadura Salazar caiu em Portugal, e Angola e Moçambique abriram caminho para os movimentos de libertação negra na África Oriental.

Na África do Sul, em Soweto renasceram os movimentos políticos da década anterior — dali saíram milhares de guerrilheiros para as fileiras do CNA. O governo de Pieter Botha os atacou impiedosamente; tanto internamente quanto no exterior a inteligência militar sul-africana promoveu atentados, sequestros e assassinatos. Tentando modernizar o *apartheid* e torná-lo mais eficaz e menos conflituoso, Botha eliminou regras que dividiam locais públicos, como agências bancárias e de correios, e concedeu direito aos negros de se filiarem a sindicatos. Na década de 1980, o radicalismo guerrilheiro deu lugar a organizações comunitárias e a grupos religiosos e estudantis. O que não significou manifestações pacíficas. Greves gerais, boicotes e ataques a prédios públicos e a forças policiais agora eram realizados por professores, trabalhadores, clérigos e mulheres. A repressão violenta do governo só aumentou a pressão internacional; o que Mandela imaginara poder fazer com o *Umkhonto we Sizwe* a população sul-africana fez ela mesma nas ruas: investidores estrangeiros começaram a deixar o país. Em julho de 1988, Mandela foi levado em segredo até Botha. O presidente renunciaria em seguida, mas o líder negro havia convencido o governo branco de que uma saída era possível. A queda do comunismo na Europa facilitou as coisas. Sem o medo do comunismo, o novo presidente eleito, Frederik de Klerk, suspendeu a proibição ao CNA e libertou Mandela e outros líderes. Em 11 de fevereiro de 1990, Mandela deixou a prisão. Ele permanecera 27 anos preso, dezenove dos quais na isolada Ilha de Robben e os últimos oito anos nas prisões de Pollsmoor e Victor Verster. "Em nenhum momento ele expressou amargura para com a comunidade branca", escreveu Meredith, "apenas contra o sistema que ela impunha. O exemplo que deu teve profunda importância".[173] O *apartheid* estava acabado. Em um referendo realizado entre a população branca em 1992, dos mais de 2,8 milhões de votos cerca de 68% confirmaram o fim das leis segregacionistas. Depois de décadas de violência e massacres, em abril de 1994, negros e brancos foram às urnas. Madiba foi eleito e tomou posse no mês seguinte, o primeiro presidente negro da história da África do Sul, "uma nação arco-íris em paz consigo mesma e com o mundo", declarou ele.

Em 1993, Mandela e De Klerk ganharam o Prêmio Nobel da Paz. Em suas memórias, Mandela escreveu o que resume não apenas a história da África do Sul, mas a trajetória da maioria dos países africanos durante os séculos XIX e XX: "A pilhagem de terras de nativos, exploração de suas riquezas minerais e outras matérias-primas brutas, o confinamento de seu povo a áreas específicas, e a restrição de seus movimentos foram, com notáveis exceções, as pedras fundamentais do colonialismo por todo o país".[174] Madiba morreu em 5 de dezembro de 2015, aos 95 anos.

BRAZIL
MIAMI, FLORIDA
DEC 29 1941
4

10. ESCRAVIDÃO MODERNA

A escravidão não foi abolida no século XIX. Atualmente existem cerca de 45 milhões de pessoas atingidas por diversos tipos de escravidão. A chamada "escravidão moderna" é uma forma extrema de desigualdade, praticada em todos os continentes, envolvendo questões políticas, econômicas, sociais, culturais e religiosas.

Em dezembro de 1948, quando a Organização das Nações Unidas votou em assembleia pela aprovação da Declaração Universal dos Direitos Humanos, a Segunda Guerra Mundial se encerrara havia apenas três anos. O mundo ainda estava chocado com os campos de concentração nazistas e parecia necessário criar um mecanismo que garantisse os direitos individuais de qualquer cidadão do mundo, independentemente de seu país de residência, do povo a que pertencesse ou da religião que professasse. Embora fosse louvável e extremamente necessário, não era a primeira vez que Estados tentavam estabelecer regras e garantias de igualdade e liberdade.[175]

Muitas outras "declarações" foram promulgadas anteriormente, sobretudo após o século XVII. A "Declaração de Direitos" foi assinada na Inglaterra em 1689, logo após a Revolução Gloriosa, para pôr fim ao absolutismo monárquico inglês. Um século mais tarde, os franceses fariam o mesmo com seu rei, e a "Declaração dos Direitos do Homem e do Cidadão" se tornaria uma bandeira universal. Quase ao mesmo tempo, e movidos pelos mesmos ideais iluministas, em 1791 os norte-americanos também criaram sua *Bill of Rights*, "Declaração de Direitos", com algumas emendas à Constituição de 1787 — a carta magna em vigor mais antiga do mundo. Em todas essas declarações, liberdade, igualdade e garantias individuais foram prometidas. Mas entre a teoria e a prática há certa distância hipócrita e vergonhosa. "O homem nasce livre, mas por toda parte está acorrentado", escreveu o filosofo iluminista Jean-Jacques Rousseau em seu livro *Do contrato social*.

Mesmo após as "declarações", a escravidão continuou sendo vista, se não como algo natural, como uma prática necessária e amplamente aceita. Tudo em prol do progresso, do desenvolvimento econômico e de interesses políticos — o primeiro intrinsecamente ligado aos outros. O século que se seguiu à Revolução Francesa foi marcado por guerras, exploração e escravagismo tanto quanto os anteriores. Se na maioria dos países a escravidão negra era vista agora como desumana, outras formas de se manter escravos foram criadas ou reinventadas.

No começo do século XX, o mundo se envolveu em um dos maiores conflitos armados de sua história. A Primeira Guerra Mundial resultou em aproximadamente 14 milhões de mortos, e entre suas principais causas estavam as disputas coloniais. Logo após o fim dos combates, a maior das preocupações da recém-criada Liga das Nações era evitar que uma guerra de proporções semelhantes voltasse a ocorrer (principalmente na Europa). A escravidão era tratada como algo distante, secundário, tanto que entre as propostas levadas à mesa de negociações em Paris nunca se cogitou que os exércitos europeus deixassem suas colônias na África ou na Ásia. A independência da maioria dos países asiáticos e africanos teria que esperar por quatro décadas — e muitos deles só se libertariam após confrontos armados. Em 1939, a Europa e o mundo entraram novamente em uma guerra de proporções gigantescas. Os problemas, em essência, eram os mesmos que haviam levado o continente ao conflito anterior, somado agora o racismo nazista. Os europeus voltaram a conhecer a escravidão. Quando a guerra teve início, a SS de Hitler, a elite guerreira da Alemanha nazista, tinha 21.400 prisioneiros em campos de concentração, todos utilizados como trabalhadores escravos na indústria alemã. Ao fim do conflito, em 1945, eram 714 mil.[176] Enquanto isso, o comunismo também fazia suas vítimas. Em 1938, mais de 9 milhões de pessoas eram mantidas presas nos campos de trabalhos forçados, o *gulag*; em 1945 eram mais de 20 milhões. Quando Stálin morreu, em 1953, ainda havia 2,5 milhões de escravos trabalhando na União Soviética.[177]

Todos os horrores da Segunda Guerra Mundial, com seus campos de concentração, milhares de famintos, migrações em massa e 60 milhões de mortos, abriram caminho para a criação da ONU. A Declaração Universal dos Direitos Humanos, delineada pelo jurista canadense John Peters Humphrey, era um apelo à humanidade. Mais um. Embora o documento não tivesse obrigatoriedade legal, o bloco de países comunistas, liderado pela União Soviética, não endossou a declaração, assinada por 48 países-membros. Os soviéticos preferiram a abstenção.

Em linhas gerais, "considerando que o desprezo e o desrespeito pelos direitos humanos resultaram em atos bárbaros", a proposta da ONU, desde sua criação, visa servir de base para um "ideal comum a ser atingido por todos os povos e todas as nações, com o objetivo de que cada indivíduo e cada órgão da sociedade, tendo sempre em mente esta Declaração, se esforce, através do ensino e da educação, por promover o respeito a esses direitos e liberdades". Seu artigo número 4 versa sobre a escravidão: "Ninguém será mantido em escravidão ou servidão; a escravidão e o tráfico de escravos serão proibidos em todas as suas formas". Mas o que era, afinal, a escravidão no século XX? Desde o fim do século XIX, acordos, tratados e declarações internacionais eram demasiadamente vagos, quase que exclusivamente tratavam do tráfico de pessoas e do direito à liberdade. Era preciso avançar. Em 1926, uma "Convenção sobre a Escravatura" foi assinada na sede da Liga das Nações em Genebra, na Suíça. Basicamente, ela ratificava os tratados internacionais anteriores que proibiam a escravidão e o tráfico de escravos. Mas, o mais importante, estabelecia o que era então considerado "escravidão": "O estado ou condição de um indivíduo sobre o qual se exercitam os atributos do direito de propriedade ou algum deles". Em suma, era a escravidão em sua forma clássica, em que o indivíduo é propriedade (ou objeto) de outro e é por ele explorado.

Em 1930, a Organização Internacional do Trabalho começava a esboçar definições mais claras. A expressão "trabalho forçado ou obrigatório" — tentava-se evitar o uso "escravo" — era definida como todo o trabalho exigido de um indivíduo sob ameaça de qualquer penalidade e para o qual ele não se ofereceu por vontade própria. Assim, a OIT conclamava seus membros a suprimir o emprego desse tipo de trabalho em todas as suas formas — salvo o serviço militar, programas de emergência e o sistema prisional.[178]

Em 1957, o conceito de trabalho forçado foi ampliado; foram incluídas "instituições e práticas análogas à escravidão". Ou seja, além da "escravidão clássica", em que o indivíduo é propriedade de outro, passaram a ser consideradas formas de escravidão moderna a servidão da gleba — condição em que um indivíduo é obrigado pela lei, costume ou acordo a viver e trabalhar em uma terra pertencente a outra pessoa e a fornecer a ela determinado serviço, sem receber pagamento ou poder mudar sua condição —, a servidão por dívida, formas servis de casamento, a exploração e prostituição de crianças e adolescentes. Além de abolir o trabalho escravo, a OIT obrigava os países-membros a não recorrer a ele como medida de coerção ou de "educação política", dirigida a pessoas de opinião ou posição ideológica contrárias à ordem política, social e econômica estabelecida. O Brasil ratificou a convenção de 1957 somente em 1965, e levou ainda mais tempo para aceitar o uso do termo "escravo", o que só foi feito na década de 1990.

Assim, conceitos como "trabalho escravo", "trabalho forçado" ou "formas análogas ou contemporâneas à escravidão" são equivalentes, embora tenham, em seu sentido original, algumas diferenças. Essas várias terminologias também têm implicações legais diferentes, de acordo com cada país. Por convenção, a expressão mais comumente usada hoje é "escravidão moderna". Para a Fundação Walk Free, que em parceria com a Organização Internacional do Trabalho e a Organização Internacional para Migração divulga anualmente o "Índice Global de Escravidão", o termo não é juridicamente legal, mas exprime "uma forma extrema de desigualdade e existe dentro de uma matriz concorrente de pressões políticas, econômicas, sociais, culturais e religiosas". Para a ONU, a escravidão moderna está ligada a algumas das questões mais complexas que os líderes mundiais enfrentam hoje.

ÍNDICE GLOBAL DE ESCRAVIDÃO

Por isso, medir o número de pessoas submetidas à escravidão moderna é um empreendimento extremamente difícil. Para a realização do Índice Global de Escravidão, a Fundação Walk Free realizou mais de 42 mil entrevistas em 53 línguas diferentes. Os dados atuais indicam que pelo menos 45,8 milhões de seres humanos são vítimas da "escravidão moderna". Uma quantidade assustadora e alarmante, já que os números de três anos antes, referentes a 2013, se aproximavam dos 30 milhões.

Cinco países asiáticos lideram o ranking. A Coreia do Norte tem 1,1 milhão de escravos, o que representa o maior índice em proporção ao total da população (4,4% dos norte-coreanos são escravos, segundo o conceito de escravidão moderna). O Uzbequistão conta 1,2 milhão de escravos (4% da população) e o Camboja, 256,8 mil (1,6% de seus habitantes). A Índia, segundo país mais populoso do mundo, tem mais de 18 milhões de trabalhadores em situação de escravidão, algo em torno de 1,4% da população total do país. O pequeno e rico Catar, com uma renda *per capita* que ultrapassa os 140 mil dólares, tem mais de 30 mil trabalhadores escravizados (ou 1,34% da população). Os dois países africanos com maior número de escravos proporcionais à população livre são o Congo e o Sudão, que juntos somam 1,3 milhão de escravos (é bom lembrar, a título de comparação, que entre 1500 e 1800 cerca de 2 milhões de pessoas foram retiradas do Sudão e levadas principalmente para o Mediterrâneo, onde eram vendidas por mercadores de escravos). Em números absolutos, a Nigéria sozinha tem 875 mil escravos (da antiga "Costa dos Escravos" saíram 1,2 milhões de cativos).

O Brasil tem aproximadamente 161 mil escravos (ou 0,07% da população), e embora apresente diversos problemas, o Índice Global de Escravidão mais recente deu destaque ao país, que mesmo tendo relativamente menos recursos tem feito grandes avanços. Calcula-se que nas últimas duas décadas cerca de 50 mil trabalhadores foram libertados pela fiscalização no Brasil.[179] (Em 1872, quando a escravidão ainda era legalizada no país, o censo demográfico brasileiro apontou que 15% da população era de escravos. Dezesseis anos depois, por ocasião da Abolição, ainda havia no Brasil 723 mil cativos.) Atualmente, o Haiti lidera o ranking das Américas: 106 mil escravos, quase 1% da população total. O México tem o maior número absoluto de escravos, 376 mil, ou 0,2% de todos os habitantes do país.[180] Até mesmo os Estados Unidos, a "Terra da Liberdade", têm escravos: 57 mil.

Crianças menores de nove anos de idade trabalhando em uma fábrica, em Sivakasi, na Índia. Segundo país mais populoso do mundo, a Índia tem mais de 18 milhões de trabalhadores em situação de escravidão.

Foto de Tom Stoddart/Getty Images

A Rússia, que tinha 22 milhões de servos em 1861, tem hoje, em uma população de 143 milhões, mais de 1 milhão de pessoas vivendo em escravidão moderna, a maioria associada à construção civil e ao trabalho em fábricas. É o sétimo país do ranking mundial em números absolutos.[181]

E também em números absolutos, as mulheres são o principal alvo, representando 71% dos mais de 45 milhões de escravos modernos: quase 29 milhões de pessoas. Dos mais de 15 milhões de indivíduos que vivem em casamentos forçados, 84% são mulheres, 37% delas têm menos de dezoito anos de idade. O casamento forçado geralmente está associado ao pagamento de dívidas, a disputas familiares e a práticas culturais ancestrais. Na África, por exemplo, onde a cada mil casamentos 4,8 são forçados, a mulher pode ser herdada pelo irmão do esposo falecido. No Afeganistão, uma menina relatou um caso de casamento forçado: "Quando eu tinha 13 anos, meu pai acertou meu casamento com um homem de 45 anos que havia prometido dinheiro à minha família. Fui muito infeliz, em menos de um ano retornei para casa. Meu pai ficou furioso. [...] Quando eu me recusei a voltar para meu marido, ele cavou um buraco no chão. Ele me forçou a entrar dentro e começou a me enterrar. Ainda me pergunto se ele realmente teria me enterrado viva se os vizinhos não tivessem ouvido meus gritos e o tivessem impedido".[182]

Os dados do Índice Global de Escravidão podem ser cruzados com os de outros estudos semelhantes, como os realizados pelo Unicef e pelo Escritório das Nações Unidas sobre Drogas e Crimes (UNODC). De acordo com o *Relatório Global de Tráfico de Pessoas 2016*, com dados coletados entre 2012 e 2014, 38% das pessoas traficadas estão ligadas ao trabalho forçado, 54% à exploração sexual e 8% a outras formas de exploração.[183] Em conformidade com o Protocolo de Palermo, firmado em 2000 e ratificado pelo Brasil em 2004, o tráfico humano é caracterizado quando o transporte de pessoas é realizado sem consentimento ou por meio de algum tipo de coerção ou fraude, deixando a vítima em situação de vulnerabilidade e exploração.

Parece claro que a humanidade, infelizmente, está longe de se livrar da escravidão. Ela ainda cresce como erva-daninha em muitos solos.

BIBLIOGRAFIA DE REFERÊNCIA

AJAYI, J. F. Ade (org.). *História geral da África 6*: África do século XIX à década de 1880. Brasília: Unesco, 2010.

ALONSO, Angela. *Flores, votos e balas*. São Paulo: Companhia das Letras, 2015.

ARISTÓTELES. *Política*. São Paulo: Martin Claret, 2001.

ARNFRED, Signe. *Sexuality and gender politics in Mozambique*: rethinking gender in Africa. Suffolk: Boydell & Brewer, 2011.

BAEPLER, Paul. *White slaves, African masters*: an antology of American barbary captivity narratives. Chicago: The University of Chicago Press, 1999.

BARBIER, Patrick. *História dos castrati*. São Paulo: Círculo do Livro, 1994.

BARNES, Hugh. *Gannibal*: the Moor of Petersburg. Londres: Profile Books, 2006.

BAUMAN, Zygmunt; MAURO, Ezio. *Babel*: entre a incerteza e a esperança. Rio de Janeiro: Zahar, 2016.

BAUMAN, Zygmunt. *Estado de crise*. Rio de Janeiro: Zahar, 2016.

BEARD, Mary. *SPQR, uma história da Roma Antiga*. São Paulo: Planeta, 2017.

BETHELL, Leslie (org.). *História da América Latina*: América Latina colonial. vol.1 e vol.2. São Paulo: EdUSP: Imprensa Oficial do Estado; Brasília, DF: Fundação Alexandre de Gusmão, 2004.

____ (ORG.). *História da América Latina*: da independência a 1870. vol.3. São Paulo: EdUSP; Imprensa Oficial do Estado; Brasília, DF: Fundação Alexandre de Gusmão, 2004.

BOAHEN, Albert Adu (org.). *História geral da África 7*: África sob dominação colonial, 1880-1935. 2ª ed. Brasília: Unesco, 2010.

BORGES, Márcio (org.). *Cartas da humanidade*. São Paulo: Geração Editorial, 2014.

BRUGNERA, Nedilso Lauro. *A escravidão em Aristóteles*. Porto Alegre: EdiPUCRS: Grifos, 1998.

BRUYÈRE-OSTELLS, Walter. *História dos mercenários*. São Paulo: Contexto, 2012.

BULLEN, Matthew, et al. *National Geographic — Guia visual da mitologia no mundo*. São Paulo: Abril, 2010.

CAMPAGNANO, Anna Rosa. *Judeus de Livorno*. São Paulo: Humanitas, 2007.

CARDOSO, Ciro Flamarion. *A Afro-América*. São Paulo: Brasiliense, 1982.

CARSON, Clayborne (org.). *A autobiografia de Martin Luther King*. Rio de Janeiro: Zahar, 2014.

CHANG, Jung. *A imperatriz de ferro*. São Paulo: Companhia das Letras, 2014.

CIPOLA, Ari. *O trabalho infantil*. São Paulo: Publifolha, 2001.

CLODFELTER, Michael. *Warfare and armed conflicts*: statistical encyclopedia of casualty and other figures, 1492-2015. 4ª ed. Jefferson: McFarland & Company, 2017.

COCKS, Frances Somers. *The Moor of St Petersburg*: in the footsteps of a black Russian. Londres: Goldhawk Press, 2005.

COJEAN, Annick. *Gaddafi's harem:* the story of a young woman and the abuses of power in Libya. Nova York: Grove Press, 2013.

CONRAD, Robert. *Os últimos anos da escravatura no Brasil*. Rio de Janeiro: Civilização Brasileira, 1978.

COOK, Michael A. *Uma breve história do homem*. Rio de Janeiro: Zahar, 2005.

CUNHA, Manuela Carneiro da. *Negros, estrangeiros*. São Paulo: Brasiliense, 1985.

DARÓZ, Carlos. *A guerra do açúcar*. Rio de Janeiro: Biblioteca do Exército, 2016.

DAVIS, Robert C. *Christian slaves, Muslim masters:* white slavery in the Mediterranean, the Barbary Coast and Italy 1500-1800. Londres: Palgrave MacMillan, 2003.

DIAMOND, Jared. *Armas, germes e aço*. Rio de Janeiro: Record, 2013.

____. *O mundo até ontem*. Rio de Janeiro: Record, 2014.

DUBY, Georges (org.). *História da vida privada 2*: da Europa feudal à Renascença. São Paulo: Companhia das Letras, 2009.

EL FASI, Mohammed (org.). *História geral da África 3*: África do século VII ao XI. Brasília: Unesco, 2010.

FAUSTO, Boris (org.). *Fazer a América*: a imigração em massa para a América Latina. 2ª ed. São Paulo: USP, 2000.

____. *Trabalho urbano e conflito social*: 1890-1920. 2ª ed. São Paulo: Companhia das Letras, 2016.

FAVRE, Henri. *A civilização inca*. Rio de Janeiro: Zahar, 1987.

FERGUSON, Niall. *Civilização*. São Paulo: Planeta, 2012.

____. *A ascensão do dinheiro*. São Paulo: Planeta, 2017.

FERRO, Marc. *História das colonizações*. São Paulo: Companhia das Letras, 1996.

FIGUEIREDO, Luciano (org.). *História do Brasil para ocupados*. Rio de Janeiro: Casa da Palavra, 2013.

FREYRE, Gilberto. *Casa-grande e senzala*. 48ª ed. São Paulo: Global, 2003.

FURTADO, Júnia Ferreira. *Chica da Silva e o contratador dos diamantes*. São Paulo: Companhia das Letras, 2003.

GALEANO, Eduardo. *As veias abertas da América Latina*. Porto Alegre: L&PM, 2010.

GATES JR., Henry Louis. *100 amazing facts about the Negro*. Nova York: Pantheon Books, 2017.

GLETE, Jan. *Warfare at sea, 1500-1650*: maritime conflicts and the transformation of Europe. Londres: Routledge, 2000.

GRINBERG, Keila; GRINBERG, Lucia; ALMEIDA, Anita Correia Lima. *Para conhecer Chica da Silva*. Rio de Janeiro: Zahar, 2007.

GROSRICHARD, Alain. *Estrutura do harém*. São Paulo: Brasiliense, 1988.

HAMPÂTÉ BÂ, Amadou. *Amkoullel, o menino fula*. 2ª ed. São Paulo: Palas Athena: Casa da África, 2003.

HARARI, Yuval Noah. *Sapiens*. 3ª ed. Porto Alegre: L&PM, 2015.

HEATH, Jennifer; ZAHEDI, Ashraf (ed.). *Children of Afghanistan*: the path to peace. Austin: University of Texas Press, 2014.

HOBSBAWM, Eric. *A era do capital, 1848-1875*. 4ª ed. Rio de Janeiro: Paz e Terra, 1988.

____. *A era dos impérios, 1875-1914*. Rio de Janeiro: Paz e Terra, 1988.

____. *Mundo do trabalho*. 5ª ed. Rio de Janeiro: Paz e Terra, 2000.

____. *Viva la revolución*. São Paulo: Companhia das Letras, 2017.

HOFBAUER, Andreas. *Uma história de branqueamento ou o negro em questão*. São Paulo: Ed. Unesp, 2006.

HOLANDA, Sérgio Buarque de. *Raízes do Brasil*. São Paulo: Companhia das Letras, 2007.

HOSSEINI, Khaled. *O caçador de pipas*. Rio de Janeiro: Nova Fronteira, 2005.

HUI, Jin (ed.). *História social do Tibete, China*: documentada e ilustrada. Beijing: Editora Intercontinental da China, 2001.

HUNSCHE, Carlos H. *O protestantismo no sul do Brasil*. São Leopoldo: EST: Sinodal, 1983.

ISAACSON, Walter. *Benjamin Franklin*: uma vida americana. São Paulo: Companhia das Letras, 2015.

JAMIESON, Alan G. *Lords of the sea*: a history of the Barbary corsairs. Londres: Reaktion Books, 2012.

JOHNSON, Steven. *O poder inovador da diversão*. Rio de Janeiro: Zahar, 2017.

JONES, Gwyn. *A history of the Vikings*. Oxford: Oxford University Press, 2001.

JORDAN, Don; WALSH, Michael. *White cargo*: the forgotten history of Britain's white slaves in America. Nova York: New York University Press, 2008.

KAYSERLING, Meyer. *História dos judeus em Portugal*. São Paulo: Pioneira, 1971.

KEEGAN, John. *Uma história da guerra*. São Paulo: Companhia das Letras: Biblioteca do Exército, 1995.

KITCHEN, Martin. *História da Alemanha moderna*. São Paulo: Cultrix, 2013.

KI-ZERBO, Joseph (org.). *História geral da África I*: metodologia e pré-história da África. 2ª ed. Brasília: Unesco, 2010.

LACEY, Robert; DANZIGER, Danny. *O ano 1000*. 3ª ed. Rio de Janeiro: Campus, 1999.

LANDES, David S. *A riqueza e pobreza das nações*. 3ª ed. Rio de Janeiro: Campus, 1998.

LAS CASAS, Frei Bartolomé de. *O paraíso destruído*. Porto Alegre: L&PM, 2007.

LE COUTEUR, Penny; BURRESON, Jay. *Os botões de Napoleão*. Rio de Janeiro: Zahar, 2006.

LE GOFF, Jacques. *As raízes medievais da Europa*. 3ª ed. Petrópolis: Vozes, 2007.

LEMOS, Juvêncio Saldanha. *Os mercenários do imperador*. Porto Alegre: Palmarinca, 1993.

LEMOS, Maria Teresa Toríbio Brittes (org.). *Religião, violência e exclusão*. Rio de Janeiro: 7Letras, 2006.

LEWIS, Bernard. *O Oriente Médio*. Rio de Janeiro: Zahar, 1996.

LIMA, Manuel de Oliveira. *D. João VI no Brasil*. 4ª ed. Rio de Janeiro: Topbooks, 2006.

LINDBERG, Carter. *História da Reforma*. Rio de Janeiro: Thomas Nelson, 2017.
LOYN, Henry R. *Dicionário da Idade Média*. Rio de Janeiro: Zahar, 1997.
LIBBY, Douglas Cole; FURTADO, Júnia Ferreira (org.). *Trabalho livre, trabalho escravo*: Brasil e Europa, séculos XVII e XIX. São Paulo: Annablume, 2006.
MACCABE, Kimberly; MANIAM, Sabita (org.). *Sex trafficking*: a global perspective. Maryland: Lexington Books, 2010.
MANDELA, Nelson. *A luta é a minha vida*. 4ª ed. Rio de Janeiro: Globo, 1988.
____. *Conversas que tive comigo*. Rio de Janeiro: Rocco, 2010.
MANN, Charles C. *1493*: como o intercâmbio entre o novo e o velho mundo moldou os dias de hoje. Rio de Janeiro: Verus, 2011.
MARRAS, Jean Pierre. *Relações trabalhistas no Brasil*. São Paulo: Futura, 2001.
MARTINS, J. P. Oliveira. *História de Portugal*. 3ª ed. Lisboa: Bertrand, 1882.
MASSIE, Robert K. *Catarina, a Grande*. Rio de Janeiro: Rocco, 2012.
MAXWELL, Kenneth. *A devassa da devassa*. Rio de Janeiro: Paz e Terra, 1977.
MAZOWER, Mark. *O império de Hitler*. São Paulo: Companhia das Letras, 2013.
MAZRUI, Ali A.; WONDJI, Christophe (org.). *História geral da África 8*: África desde 1935. Brasília: Unesco, 2010.
MELLO, José Guimarães. *Negros e escravos na Antiguidade*. 2ª ed. São Paulo: Arte e Ciência. 2003.
MELLO, Patrícia Campos. *Lua de mel em Kobane*. São Paulo: Companhia das Letras, 2017.
MENZIES, Gavin. *1421*: o ano em que a China descobriu o mundo. 6ª ed. Rio de Janeiro: Bertrand Brasil, 2009.
MEREDITH, Martin. *O destino da África*: cinco mil anos de riquezas, ganância e desafios. Rio de Janeiro: Zahar, 2017.
MILLER, Randall M.; SMITH, John David, *Dictionary of Afro-American slavery*. Westport: Praeger, 1997.
MILTON, Giles. *White gold*: the extraordinary story of Thomas Pellow and North Africa's one million European slaves. Londres: Hodder & Stoughton, 2004.
MINTZ, Sidney W. *O poder amargo do açúcar*: produtores escravizados, consumidores proletarizados. Receife: Editora Universitária UFPE, 2003.
MIRANDA, Ana. *Xica da Silva, a cinderela negra*. Rio de Janeiro: Record, 2016.
MOKHTAR, Gamal (org.). *História geral da África 2*: África antiga. 2ª ed. Brasília: Unesco, 2010.
MONTEFIORE, Simon Sebag. *Os Románov*. São Paulo: Companhia das Letras, 2016.
MOREIRA, Paulo R. Staudt; MUGGE, Miquéias H. *Histórias de escravos e senhores em uma região de imigração europeia*. 2ª ed. São Leopoldo: Oikos, 2014.
MOREL, Marco. *A revolução do Haiti e o Brasil escravista*. Jundiaí: Paco, 2017.
MOURA, Clóvis. *Dicionário da escravidão negra no Brasil*. São Paulo: EdUSP, 2004.
MÜLLER, Elio Eugenio. *Três Forquilhas (1826-1899)*. Curitiba: Fonte, 1992.
MURPHY, Emmett. *História dos grandes bordéis do mundo*. Porto Alegre: Artes e Ofícios, 1994.

NAÍM, Moisés. *Ilícito*: o ataque da pirataria, da lavagem de dinheiro e do tráfico à economia global. Rio de Janeiro: Zahar, 2006.

NEPOMNYASHCHY, Catharine Theimer; SVOBODNY, Nicole; TRIGOS, Ludmilla A. (ed.). *Under the sky of my Africa*: Alexander Pushkin and blackness. Illinois: Northwestern University Press, 2006.

NIANE, Djibril Tamsir (org.). *História geral da África 4*: África do século XII ao XVI. 2ª ed. Brasília: Unesco, 2010.

NORDBERG, Jenny. *As meninas ocultas de Cabul*. São Paulo: Companhia das Letras, 2016.

NOVINSKY, Anita, et al. *Os judeus que construíram o Brasil*. São Paulo: Planeta, 2015.

OGOT, Bethwell Allan (org.). *História geral da África 5*: África do século XVI ao XVIII. Brasília: Unesco, 2010.

PAIVA, Eduardo França. *Escravidão e universo cultural na colônia*: Minas Gerais, 1716-1789. Belo Horizonte: Ed. UFMG, 2001.

PARÉS, Luis Nicolau. *O rei, o pai e a morte*: a religião vodum na antiga Costa dos Escravos na África Ocidental. São Paulo: Companhia das Letras, 2016.

PARKER, Geoffrey; BAYLY, Christopher (org.). *Emergência da Europa, 1500-1600*. São Paulo: Abril, 1992.

____. (org.). *A força da iniciativa, 1800-1850*. São Paulo: Abril, 1992.

PELLOW, Thomas. *The adventures of Thomas Pellow, of Penryn, mariner tree and twenty years in captivity among the Moors*. Londres: T. F. Unwin, 1890.

PINSKY, Jaime; PINSKY, Carla Bassanezi (org.). *História da cidadania*. São Paulo: Contexto: 2008.

PRIORE, Mary del (org.). *História das mulheres no Brasil*. São Paulo: Contexto, 2006.

____. *Histórias íntimas*. São Paulo: Planeta, 2011.

PU YI, Autobiografia de. *O último imperador da China*. São Paulo: Marco Zero, 1988.

REILY, Duncan Alexander. *História documental do protestantismo no Brasil*. São Paulo: Aste, 1984.

REIS, João José. *Rebelião escrava no Brasil*. 3ª ed. rev. amp. São Paulo: Companhia das Letras, 2012.

____. *Domingos Sodré, um sacerdote africano*. São Paulo: Companhia das Letras, 2008.

REIS, João José; GOMES, Flávio dos Santos; CARVALHO, Marcus Joaquim Maciel de. *O alufá Rufino*. São Paulo: Companhia das Letras, 2010.

REIS, João José; SILVA, Eduardo. *Negociação e conflito*. São Paulo: Companhia das Letras, 1989.

REISS, Tom. *O conde negro*: glória, revolução, traição e o verdadeiro Conde de Monte Cristo. São Paulo: Objetiva, 2015.

RIBEIRO, Lidice Meyer Pinto. "Negros islâmicos no Brasil escravocrata". In: REVISTA USP, São Paulo, n.91, set./nov. 2011, p.139-152.

RICHARDS, Jeffrey. *Sexo, desvio e danação*. Rio de Janeiro: Zahar, 1993.

RODRIGUES, João Calos. *Pequena história da África Negra*. São Paulo: Globo, 1990.

ROGERS, J. A. *World's great men of color*. Nova York: Touchstone, 1996. vol.1.

SALZMANN, Ariel. "Migrants in chains: on the enslavement of Muslims in Renaissance and Enlightenment Europe". In: *Religions*. Basel, 2013, n.4, p.391-411.

SANTOS, Aloysio. *Assédio sexual nas relações trabalhistas e estatutárias*. 2ª ed. Rio de Janeiro: Forense, 2002.

SCHÄFER, Georg Anton von. *O Brasil como império independente*. Santa Maria: EdUFSM, 2007.

SCHAMA, Simon. *Travessias difíceis: Grã-Bretanha, os escravos e a Revolução Americana*. São Paulo: Companhia das Letras, 2011.

SCHELP, Diogo; LIOHN, André. *Correspondente de guerra*. São Paulo: Contexto, 2016.

SHETTERLY, Margot Lee. *Estrelas além do tempo*. Rio de Janeiro: HarperCollins Brasil, 2017.

SILVA, Alberto da Costa e. *A manilha e o libambo*. Rio de Janeiro: Nova Fronteira, 2002.

____. *Um rio chamado Atlântico*. Rio de Janeiro: Nova Fronteira, 2003.

____. *Francisco Félix de Souza, mercador de escravos*. 4ª ed. Rio de Janeiro: Nova Fronteira, 2012.

SOCHACZEWSKI, Monique. *Do Rio de Janeiro a Istambul*. Brasília: Funag, 2017.

SOUSTELLE, Jacques. *A civilização asteca*. Rio de Janeiro: Zahar, 2002.

STEPHENS, Megan; SMITH, Jane. *Bought and sold*. Londres: HarperElement, 2015.

THORNTON, John. *A África e os africanos na formação do mundo atlântico: 1400-1800*. Rio de Janeiro: Elsevier, 2004.

TORRÃO FILHO, Amilcar. *Tríbades galantes, fanchonos militantes*. São Paulo: Summus, 2000.

TRESPACH, Rodrigo. *Histórias não (ou mal) contadas — Segunda Guerra Mundial*. Rio de Janeiro: HarperCollins Brasil, 2017.

____. *Histórias não (ou mal) contadas — Revoltas, golpes e revoluções no Brasil*. Rio de Janeiro: HarperCollins Brasil, 2017.

TSCHUDI, Johann Jakob von. *Viagem às províncias do Rio de Janeiro e São Paulo*. Belo Horizonte: Itatiaia; São Paulo: Editora da USP, 1980.

ULLMANN, Reinholdo Aloysio. *Amor e sexo na Grécia Antiga*. Porto Alegre: EdiPUCRS, 20007.

VAINFAS, Ronaldo. *Trópico dos pecados*. Rio de Janeiro: Nova Fronteira, 1997.

____ (dir.). *Dicionário do Brasil colonial (1500-1808)*. Rio de Janeiro: Objetiva, 2000.

VERGER, Pierre. *Fluxo e refluxo do tráfico de escravos entre o Golfo de Benin e a Bahia de Todos os Santos: dos séculos XVII a XIX*. São Paulo: Corrupio, 1987.

VEYNE, Paul (org.). *História da vida privada 1: do Império Romano ao ano mil*. São Paulo: Companhia das Letras, 2009.

WEISS, Michael; HASSAN, Hassan. *Estado Islâmico*. São Paulo: Seoman, 2015.

WINTERDYK, John; PERRIN, Benjamin; REICHEL, Philip (ed.). *Human trafficking: exploring the international nature, concerns and complexities*. Nova York: CRC Press, 2012.

WIZNITZER, Arnold. *Os judeus no Brasil colonial*. São Paulo: Pioneira: USP, 1966.
YOUSAFZAI, Malala. *Eu sou Malala*. São Paulo: Companhia das Letras, 2013.
ZAIDAN, Assaad. *Letras e história*: mil palavras árabes na língua portuguesa. 2ª ed. São Paulo: Escrituras: EdUSP, 2010.

ARQUIVOS, INSTITUIÇÕES, FUNDAÇÕES, ORGANIZAÇÕES, JORNAIS E PERIÓDICOS CONSULTADOS

Acervo *Folha de S. Paulo*, acervo.folha.uol.com.br
AFP, www.afp.com
Agência Brasil, agenciabrasil.ebc.com.br
AHRS — Arquivo Histórico do Rio Grande do Sul, Porto Alegre
Banco de Dados do Tráfico Transatlântico de Escravos, slavevoyages.org
BBC Brasil, www.bbc.com/portuguese
BN — Biblioteca Nacional, www.bn.gov.br
Case Western Reserve University, case.edu
Deutsche Welle, www.dw.com
EL País, brasil.elpais.com
G1 — Globo, g1.globo.com
Hemeroteca Digital — Biblioteca Nacional, memoria.bn.br
Human Rights Watch, www.hrw.org
ILO — International Labour Organization, www.ilo.org
Instituto de Pesquisa Datafolha, datafolha.folha.uol.com.br
ISM — International Slavery Museum, www.liverpoolmuseums.org.uk/ism/
ISTOÉ, istoe.com.br
Jornal *Expresso*, expresso.sapo.pt
Jugend eine Welt, www.schwabenkinder.at
Ministério dos Direitos Humanos, www.mdh.gov.br
MDPI — Multidisciplinary Digital Publishing Institute, www.mdpi.com/journal/religions
Morashá, www.morasha.com.br
MPF — Ministério Público Federal, www.mpf.mp.br
MHVSL — Museu Histórico Visconde de São Leopoldo, www.museuhistoricosl.com.br
O Ninho — Instituição Particular de Solidariedade Social, www.oninho.pt
OIT — Organização Internacional do Trabalho, Escritório no Brasil, www.oitbrasil.org.br
ONU, nacoesunidas.org
PBS Frontline, www.pbs.org/wgbh/frontline/
Portal Terra, www.terra.com.br
Rede Peteca, www.chegadetrabalhoinfantil.org.br
Revista *Aventuras na História*, aventurasnahistoria.uol.com.br

Revista *Carta Capital*, www.cartacapital.com.br
Revista de História da Biblioteca Nacional, edições impressas
Revista *Leituras da História*, leiturasdahistoria.uol.com.br
Revista *National Geographic Brasil*, www.nationalgeographicbrasil.com
Revistas USP, www.revistas.usp.br
The Internet Archive, archive.org
The Global Slavery Index, www.globalslaveryindex.org
The Guardian, www.theguardian.com
UNODC – United Nations Office on Drugs and Crime, www.unodc.org
UNICEF, www.unicef.org
Walk Free Foundation, www.walkfreefoundation.org

NOTAS

OURO BRANCO

1. Yuval Harari, *Sapiens*, p.87-112; José Guimarães Mello, *Negros e escravos na Antiguidade*, p.81-82. Sobre a teoria de Jacoby, ver Alberto da Costa e Silva, *A manilha e o libambo*, p.79.
2. Aristóteles, *Política*, p.17-18.
3. Mary Beard, *SPQR*, p.323-325.
4. Robert Lacey e Danny Danziger, *O ano 1000*, p.47-48; Ivan Hrbek, "A África no contexto da história mundial", em Mohammed El Fasi, *História geral da África 3*, p.18.
5. John Keegan, *Uma história da guerra*, p.50 e p.210; Bernard Lewis, *O Oriente Médio*, p.61.
6. Bernard Lewis, *O Oriente Médio*, p.160, p.211 e p.245.
7. Y. F. Hasan e Bethwell Allan Ogot, "O Sudão de 1500 a 1800", em B. A. Ogot, *História geral da África 5*, p.223; Bernard Lewis, *O Oriente Médio*, p.104; e Martin Meredith, *O destino da África*, p.161-162.
8. Citado por Robert Irwin, "O apogeu otomano", em Geoffrey Parker e Christopher Bayly, *Emergência da Europa*, p.125.
9. Simon Montefiore, *Os Románov*, p. 501.
10. Monique Sochaczewski, *Do Rio de Janeiro a Istambul*, p.95.
11. Thomas Pellow, *The adventures of Thomas Pellow*, p.48-49.
12. Martin Meredith, *O destino da África*, p.174; J. A. Rogers, *World's great men of color*, vol.1, p.259.
13. Thomas Pellow, *The adventures of Thomas Pellow*, p.59. Ver também J. A. Rogers, *World's great men of color*, vol.1, p.262.
14. J. A. Rogers, *World's great men of color*, vol.1, p.261.
15. Martin Meredith, *O destino da África*, p.166; Jan Glete, *Warfare at sea 1500-1650*, p.101.
16. John D. Foss, "A journal, of the captivity and sufferings of John Foss", em Paul Baepler, *White slaves, African masters*, p.71.
17. Alan G. Jamieson, *Lords of the sea*, p. 102 e 112.
18. A escravidão branca (ou europeia) por ação dos mercadores muçulmanos é tema completamente desconhecido da bibliografia brasileira; no entanto, é bastante estudado em língua inglesa. Ver, como exemplos, Robert Davis, *Christian laves, Muslim masters*; Giles Milton, *White gold*; e Alan G. Jamieson, *Lords of the sea*.

19. Charles de La Roncière, "A vida privada dos notáveis toscanos no limiar da Renascença", em Georges Duby, *História da vida privada 2*, p.240 e seg.
20. Anna Rosa Campagnano, *Judeus de Livorno*, p.67, e Ariel Salzmann, "Migrants in Chains", p.399.

A BÍBLIA, O ALCORÃO E A SINAGOGA
21. Meyer Kayserling, *História dos judeus em Portugal*, p.45.
22. Alberto da Costa e Silva, *A manilha e o libambo*, p.318; Meyer Kayserling, *História dos judeus em Portugal*, p.114.
23. Arnold Wiznitzer, *Os judeus no Brasil colonial*, p.60 e 62.
24. Sidney Mintz, *O poder amargo do açúcar*, p.135.
25. Arnold Wiznitzer, *Os judeus no Brasil colonial*, p.115, 120-122.
26. João Reis, *Rebelião escrava no Brasil*, p.159 e seg.; João José Reis, Flávio Gomes e Marcus Carvalho, *O alufá Rufino*, p.15.
27. João Reis, *Rebelião escrava no Brasil*, p.176, 498-499.
28. Lidice Ribeiro, "Negros islâmicos no Brasil escravocrata", p.146.
29. Lidice Ribeiro, "Negros islâmicos no Brasil escravocrata", p.147.
30. Alberto da Costa e Silva, *Um rio chamado Atlântico*, p.177.
31. João José Reis, Flávio Gomes e Marcus Carvalho, *O alufá Rufino*, p.361.
32. Andreas Hofbauer, *Uma história de branqueamento ou o negro em questão*, p.144.
33. Ronaldo Vainfas, *Trópico dos pecados*, p.179-180.
34. Elio Müller, *Três Forquilhas (1826-1899)*, p.54 e 102; Carlos H. Hunsche, *O protestantismo no sul do Brasil*, p.26; Randall Miller e John Smith, *Dictionary of Afro-American slavery*, p.426.
35. Duncan Reily, *História documental do protestantismo no Brasil*, p.36.
36. João Reis, *Rebelião escrava no Brasil*, p.392.
37. Johann von Tschudi, *Viagem às províncias do Rio de Janeiro e São Paulo*, p.111.
38. Oliveira Lima, *D. João VI no Brasil*, p.492.
39. Paulo Moreira e Miquéias Mugge, *História de escravos e senhores em uma região de imigração europeia*, p.48. Sobre o censo, ver o Códice 332 do Arquivo Histórico do Rio Grande do Sul, em Porto Alegre.

QUANDO SERVOS SÃO ESCRAVOS
40. Robert Lacey e Danny Danziger, *O ano 1000*, p.48.
41. Ronaldo Vainfas, *Dicionário do Brasil colonial*, p. 205.
42. Gwyn Jones, *A history of the Vikings*, p. 150.
43. Carter Lindberg, *História da Reforma*, p.197.
44. David Landes, *A riqueza e a pobreza das nações*, p.265 e seg.

45. Johan Keegan, *Uma história da guerra*, p.354.
46. Martin Kitchen, *História da Alemanha moderna*, p.39.
47. Walter Bruyère-Ostells, *História dos mercenários*, p.19.
48. Georg Anton von Schäfer, *O Brasil como império independente*, p.242.
49. David Landes, *A riqueza e a pobreza das nações*, p.267; Robert Massie, *Catarina, a Grande*, p.351.
50. Simon Montefiore, *Os Románov*, p.95.
51. Robert Massie, *Catarina, a Grande*, p.350.
52. David Landes, *A riqueza e a pobreza das nações*, p.300.
53. Robert Massie, *Catarina, a Grande*, p.351-352.
54. Simon Montefiore, *Os Románov*, p.283.
55. Simon Montefiore, *Os Románov*, p.502.
56. Eric Hobsbawm, *A era dos impérios, 1875-1914*, p.404.
57. Uma visão da China sobre o Tibete, o que para muitos não passa de propaganda ideológica, está em Jin Hui, *História social do Tibete*, China. Artigos e pesquisas científicas sobre o tema, especialmente os de Melvyn Goldstein, podem ser acessados no *The Center for Research on Tibet*, da Case Western Reserve University, em http://case.edu/affil/tibet/tibetan Society/social.htm.

UM NOVO (VELHO) MUNDO

58. Frei Bartolomé de Las Casas, *O paraíso destruído*, p.31 e p.39.
59. Henri Favre, *A civilização inca*, p.46 e seg.
60. John Keegan, *Uma história da guerra*, p.128 e seg.; Jacques Soustelle, *A civilização asteca*, p.31 e seg.; Matthew Bullen, *National Geographic – Guia visual da mitologia no mundo*, p.389.
61. Charles Gibson, "As sociedades indígenas sob o domínio espanhol", em Leslie Bethell, *História da América Latina: América Latina colonial*, vol.2, p.290 e seg.
62. Enrique Florescano, "A formação e a estrutura econômica da hacienda na Nova Espanha", em Leslie Bethell, *História da América Latina: América Latina colonial*, vol. 2, p.163.
63. Eduardo Galeano, *As veias abertas da América Latina*, p.73.
64. Niall Ferguson, *A ascensão do dinheiro*, p.27.
65. John Hemming, "Os índios e a fronteira no Brasil colonial", em Leslie Bethell, *História da América Latina: América Latina colonial*, vol. 2, p.430; Anita Novinsky, *Os judeus que construíram o Brasil*, p. 154.
66. Eduardo Galeano, *As veias abertas da América Latina*, p.74.
67. Eric Hobsbawm, *Viva la revolución*, p.48.
68. Walk Free Foundation, *The Global Slavery Index 2016*, p 93.
69. Niall Ferguson, *Civilização*, p.149.

70. Don Jordan e Michael Walsh, *White cargo*, p.83.
71. Niall Ferguson, *Civilização*, p.134.
72. Don Jordan e Michael Walsh, *White cargo*, p.108-109.
73. Penny le Couteur e Jay Burreson, *Os botões de Napoleão*, p.68; David Landes, *A riqueza e a pobreza das nações*, p.131.
74. Yuval Harari, *Sapiens*, p.148.
75. Walter Isaacson, *Benjamin Franklin*, p.272.
76. Michael Cook, *Uma breve história do homem*, p.319.
77. Ver Micheal Clodfelter, *Warfare and armed conflicts*, p.296. Para mais informações sobre a Guerra Civil, ver verbete "American Civil War", p.272-297.
78. Sobre os escravos chineses, ver Charles Mann, *1493*. Sobre o trabalho escravo no Peru, ver Luis Miguel Glave e Claudia Rosas Lauro, "Imigração estrangeira para o Peru (1850-1930)", em Boris Fausto, *Fazer a América*, p.519 e seg.
79. Jordi Maluquer de Motes, "A imigração e o emprego em Cuba (1880-1930)", em Boris Fausto, *Fazer a América*, p.553; Ciro Cardoso, *A Afro-América*, p.101.

MERCADORES DE ESCRAVOS

80. John Thornton, *A África e os africanos na formação do mundo atlântico*, p.123; Martin Meredith, *O destino da África*, p.12 e p.138; Niall Ferguson, *Civilização*, p.161.
81. Martin Meredith, *O destino da África*, p.209.
82. Alberto da Costa e Silva, *Francisco Félix de Souza, mercador de escravos*, p.75.
83. Alberto da Costa e Silva, *Francisco Félix de Souza, mercador de escravos*, p.84-85; Ana Miranda, *Xica da Silva, a cinderela negra*, p.36. Mais detalhes sobre os rituais em Luis Parés, *O rei, o pai e a morte*.
84. John Thornton, *A África e os africanos na formação do mundo atlântico*, p.400.
85. Martin Meredith, *O destino da África*, p.139.
86. Alberto da Costa e Silva, *Francisco Félix de Souza, mercador de escravos*, p.145.
87. John Thornton, *A África e os africanos na formação do mundo atlântico*, p.219.
88. David Landes, *A riqueza e a pobreza das nações*, p.129. Relato de Olaudah Equiano, citado por Martin Meredith, *O destino da África*, p.141.
89. Ver estatísticas em *Banco de Dados do Tráfico Transatlântico de Escravos*, disponível em slavevoyages.org. Ver relatos em Simon Schama, *Travessias difíceis*.

90. Flávio Gomes, "Sonhando com a terra, construindo a cidadania", em Jaime e Carla Pinsky, *História da cidadania*. p.449.
91. John Thornton, *A África e os africanos na formação do mundo atlântico*, p.385.
92. João Reis, *Domingos Sodré, um sacerdote africano*, p.301.
93. Manuela Carneiro da Cunha, *Negros, estrangeiros*, p.24.
94. As citações a Mattoso e Oliveira aparecem em Manuela Carneiro da Cunha, *Negros, estrangeiros*, p.24, ver nota de rodapé.
95. Eduardo França Paiva, *Escravidão e universo cultural na colônia*, p.50, p.151-152 e p.232; Ana Miranda, *Xica da Silva, a cinderela negra*, p.280.
96. As pesquisas e a bibliografia sobre a vida de Chica da Silva são bem vastas; recomendamos a leitura de Júnia Ferreira Furtado, *Chica da Silva e o contratador dos diamantes*, e de Ana Miranda, *Xica da Silva, a cinderela negra*.
97. Uma lista de ex-escravos traficantes instalados na costa da África pode ser vista em Pierre Verger, *Fluxo e refluxo do tráfico de escravos entre o Golfo do Benin e a Bahia de Todos os Santos*, p.460-474. Ver também Alberto da Costa e Silva, *Um rio chamado Atlântico* e *Francisco Félix de Souza, mercador de escravos*.
98. Sobre ele, ver Alberto da Costa e Silva, *Francisco Félix de Souza mercador de escravos*.
99. Pierre Verger, *Fluxo e refluxo do tráfico de escravos entre o Golfo do Benin e a Bahia de Todos os Santos*, p.608.
100. Pierre Verger, *Fluxo e refluxo do tráfico de escravos entre o Golfo do Benin e a Bahia de Todos os Santos*, p.614. Sobre estimativas de passaportes, ver Verger, p.602 e seg.; e Manuela Carneiro da Cunha, *Negros, estrangeiros*, p.213.
101. Martin Meredith, *O destino da África*, p.295.

O GENERAL, A ESTRELA NEGRA E O EUNUCO

102. Simon Schama, *Travessias difíceis*, p.51 e p.69; J. E. Harris, "A diáspora africana no Antigo e no Novo Mundo", em Bethwell Allan Ogot, *História geral da África vol. 5*, p.138.
103. Tom Reiss, *O conde negro*, p.23, p.44, p.54-55.
104. Tom Reiss, *O conde negro*, p.20.
105. Tom Reiss, *O conde negro*, p.79-80.
106. Martin Meredith, *O destino da África*, p.219.
107. John Lynch, "As origens da independência da América Espanhola", em Leslie Bethell, *História da América Latina*, vol.3, p.68-71. Sobre a revolução, ver também Marco Morel, *A revolução do Haiti e o Brasil escravista*.
108. Eduardo Galeano, *As veias abertas da América Latina*, p.96.
109. Tom Reiss, *O conde negro*, p.363.

110. Marco Morel, *A revolução do Haiti e o Brasil escravista*, p.8; David Landes, *A riqueza e a pobreza das nações*, p.127.
111. N. K. Teletova, "A. P. Gannibal", em Catharine Nepomnyashchy et al., *Under the sky of my Africa*, p.52.
112. Hugh Barnes, *Gannibal*, p.219.
113. Catharine Nepomnyashchy, "The telltale black baby, or why Pushkin began *The Blackamoor of Peter the Great* but didn't finish it", em Catharine Nepomnyashchy et al., *Under the sky of my Africa*, p.154; N. K. Teletova, "A. P. Gannibal", em Catharine Nepomnyashchy et al., *Under the sky of my Africa*, p.63.
114. Henry Louis Gates Jr., *100 amazing facts about the Negro*, p.79.
115. Frances Cocks, *The Moor of St Petersburg*, p.246.
116. N. K. Teletova, "A. P. Gannibal", em Catharine Nepomnyashchy et al., *Under the sky of my Africa*, p.46.
117. Reinholdo Ullmann, *Amor e sexo na Grécia Antiga*, p.69; Patrick Barbier, *História dos castrati*, p.14.
118. Jung Chang, *A imperatriz de ferro*, p.114-115.
119. Pu Yi, *O último imperador da China*, p.16.
120. Gavin Menzies, *1421*, p.46.
121. Gavin Menzies, *1421*, p.59-63, p.451.

ESCRAVIDÃO SEXUAL

122. Bernard Lewis, *O Oriente Médio*, p.189-191.
123. Gwyn Jones, *A history of the Vikings*, p.165.
124. Robert Irwin, "O apogeu otomano", em Geoffrey Parker e Christopher Bayly, *Emergência da Europa, 1500-1600*, p.124.
125. Citado em "O segredo dos escravos reprodutores", matéria de Christiana Martins para o jornal on-line português *Expresso*, de 8 dez. 2015, disponível em expresso.sapo.pt.
126. Clóvis Moura, *Dicionário da escravidão negra no Brasil*, p.346.
127. Amilcar Torrão Filho, *Tríbades galantes, fanchonos militantes*, p.235; Ronaldo Vainfas, *Trópico dos pecados*, p.179-180.
128. Gilberto Freyre, *Casa-grande e senzala*, p. 537 e 399.
129. Mary del Priore, *Histórias íntimas*, p.46.
130. Jeffrey Richards, *Sexo, desvio e danação*, p.121; Emmett Murphy, *História dos grandes bordéis do mundo*, p.134, p.167 e p.194.
131. Moisés Naím, *Ilícito*, p. 89.
132. Lená Medeiros de Menezes, "Violência de gênero: o tráfico de mulheres como estudo de caso", em Maria Teresa Toríbio Brittes Lemos, *Religião, violência e exclusão*, p. 51 e seg.
133. Megan Stephens e Jane Smith, *Bought and sold*, p.97 e p.141.

134. Revista *Manchete*, de 16 mar 1991, p.18-20.
135. Annick Cojean, *Gaddafi's harem*, p.270.
136. O texto foi produzido tendo como base informações de diversos livros, entre eles: Michael Weiss e Hassan Hassan, *Estado Islâmico*; Diogo Schelp e André Liohn, *Correspondente de guerra*; e Patrícia Mello, *Lua de mel em Kobane*. Além dos livros, foram consultadas reportagens como a de Marcio Pimenta para a *National Geographic Brasil*, "Ex-escravas sexuais do Isis, mulheres yazidis recuperam a fé e a dignidade", disponível em www.nationalgeographicbrasil.com; e diversas matérias de agências de notícias internacionais, como BBC, *El País*, Deutsche Welle e AFP.
137. Diversas matérias de agências de notícias internacionais foram usadas como fonte; salvo indicação em contrário no texto, são elas AFP, BBC e Deutsche Welle. Todo o material consultado refere-se ao ano de 2017.
138. Kimberly MacCabe e Sabita Maniam, *Sex trafficking*, p. 28-29.
139. Sobre o costume e seus detalhes, ver Signe Arnfred, *Sexuality and gender politics in Mozambique*, p.71 e seg.
140. OIT, *Tráfico de pessoas para fins de exploração sexual*, p.12-13; UNODC, *Global report on trafficking in persons 2016*, p.7 e p.8.

INFÂNCIA ROUBADA

141. Georges Duby, Dominique Barthélemy, Charles de La Roncière, "A vida privada dos notáveis toscanos no limiar da Renascença", em Georges Duby, *História da vida privada 2*, p.229.
142. Informações disponíveis em *Jugend eine Welt*, www.schwabenkinder.at.
143. Clóvis Moura, *Dicionário da escravidão negra no Brasil*, p.411 e p.413.
144. David Landes, *A riqueza e a pobreza das nações*, p.428.
145. Richard Overy, "A indústria na Grã-Bretanha", em Geoffrey Parker e Christopher Bayly, *A força da iniciativa*, p.70.
146. Boris Fausto, *Trabalho urbano e conflito social*, p.132, p.139 e p.296.
147. Delphine Boutin, "Child soldiering in Afghanistan", em Jennifer Heath e Ashraf Zahedi, *Children of Afghanistan*, p.154.
148. Michael Weiss e Hassan Hassan, *Estado Islâmico*, p.160-161.
149. Unicef, "A familiar face violence in the lives of children and adolescents", p.49 e p.51.
150. O texto tem como base Jenny Nordberg, *As meninas ocultas de Cabul*, Malala Yousafzai, *Eu sou Malala*, e Claude D'Estrée, "Voices from victims and survivors of human trafficking", em John Winterdyk, Benjamin Perrin e Philip Reichel, *Human trafficking*. Os relatos que seguem, salvo indicação em contrário, são matérias on-line de diversas agências de notícias, como AFP, BBC, Deutsche Welle ou *The Guardian*.

151. Malala Yousafzai, *Eu sou Malala*, p.21.
152. Dados do Ministério dos Direitos Humanos, disponível em http://www.mdh.gov.br.
153. Unicef, Walk Free Foundation, *The Global Slavery Index 2016*, p.42.
154. BBC World, *Our World: Brazil's Child Prostitutes*", disponível em www.bbc.co.uk. Ver também matéria da BBC Brasil "Turismo sexual estimula exploração sexual infantil no Brasil", 30 jul. 2010, disponível em www.bbc.com/portuguese.
155. Walk Free Foundation, *The Global Slavery Index 2016*, p.93.
156. Sabrina Müller-Plotnikow, "Casamento infantil ilegal atinge 20 mil meninas por dia", matéria da Deutsche Welle Brasil, de 24 out. 2017, disponível em http://p.dw.com/p/2mMTT; Walk Free Foundation, *The Global Slavery Index 2016*, p.52.
157. Walk Free Foundation, *The Global Slavery Index 2016*, p. 109 e p.115.
158. Deutsche Welle Brasil, "Índia determina que sexo com esposa menor de idade é estupro", 11 out. 2017, disponível em http://p.dw.com/p/2lduL.
159. OIT, *Global Estimates of Child Labour 2012-2016*, p.5.

GENOCÍDIO E SEGREGAÇÃO

160. Niall Ferguson, *Civilização*, p.165.
161. Sobre esse caso, em específico, ver Margot Lee Shetterly, *Estrelas além do tempo*.
162. Clayborne Carson, *A autobiografia de Martin Luther King*, p.169.
163. Niall Ferguson, *Civilização*, p.170.
164. Martin Meredith, *O destino da África*, p.496.
165. David Landes, *A riqueza e a pobreza das nações*, p.482.
166. Martin Meredith, *O destino da África*, p.459.
167. Eric Hobsbawm, *A era dos impérios*, p.101.
168. Martin Kitchen, *História da Alemanha moderna*, p.222.
169. Martin Meredith, *O destino da África*, p.490; David Chanaiwa, "Iniciativas e resistência africanas na África meridional", em Albert Boahen, *História geral da África 7*, p.247-248.
170. Martin Meredith, *O destino da África*, p.582.
171. David Chanaiwa, "África Austral", em Ali Mazrui e Christophe Wondji, *História geral da África 8*, p. 317.
172. Nelson Mandela, *Conversas que tive comigo*, p.384.
173. Martin Meredith, *O destino da África*, p.636.
174. Nelson Mandela, *Conversas que tive comigo*, p.368.

ESCRAVIDÃO MODERNA

175. Sobre as contradições entre igualdade e liberdade, ver Yuval Harari, *Sapiens*, p.172-173; e Zygmunt Bauman e Ezio Mauro, *Babel*, p.14.
176. Mark Mazower, *O império de Hitler*, p.368.
177. Rodrigo Trespach, *Histórias não (ou mal) contas — Segunda Guerra Mundial*, p.55.
178. ILO - International Labour Organization, www.ilo.org
179. Walk Free Foundation, *The Global Slavery Index 2016*, p.4 e p.26.
180. Walk Free Foundation, *The Global Slavery Index 2016*, p.89.
181. Walk Free Foundation, *The Global Slavery Index 2016*, p.67.
182. Walk Free Foundation, "2018 Insight Series — Forced Marriage".
183. UNODC, *Global Report on Trafficking in Persons 2016*, p.6 e p.8.

NÃO DEIXE DE LER

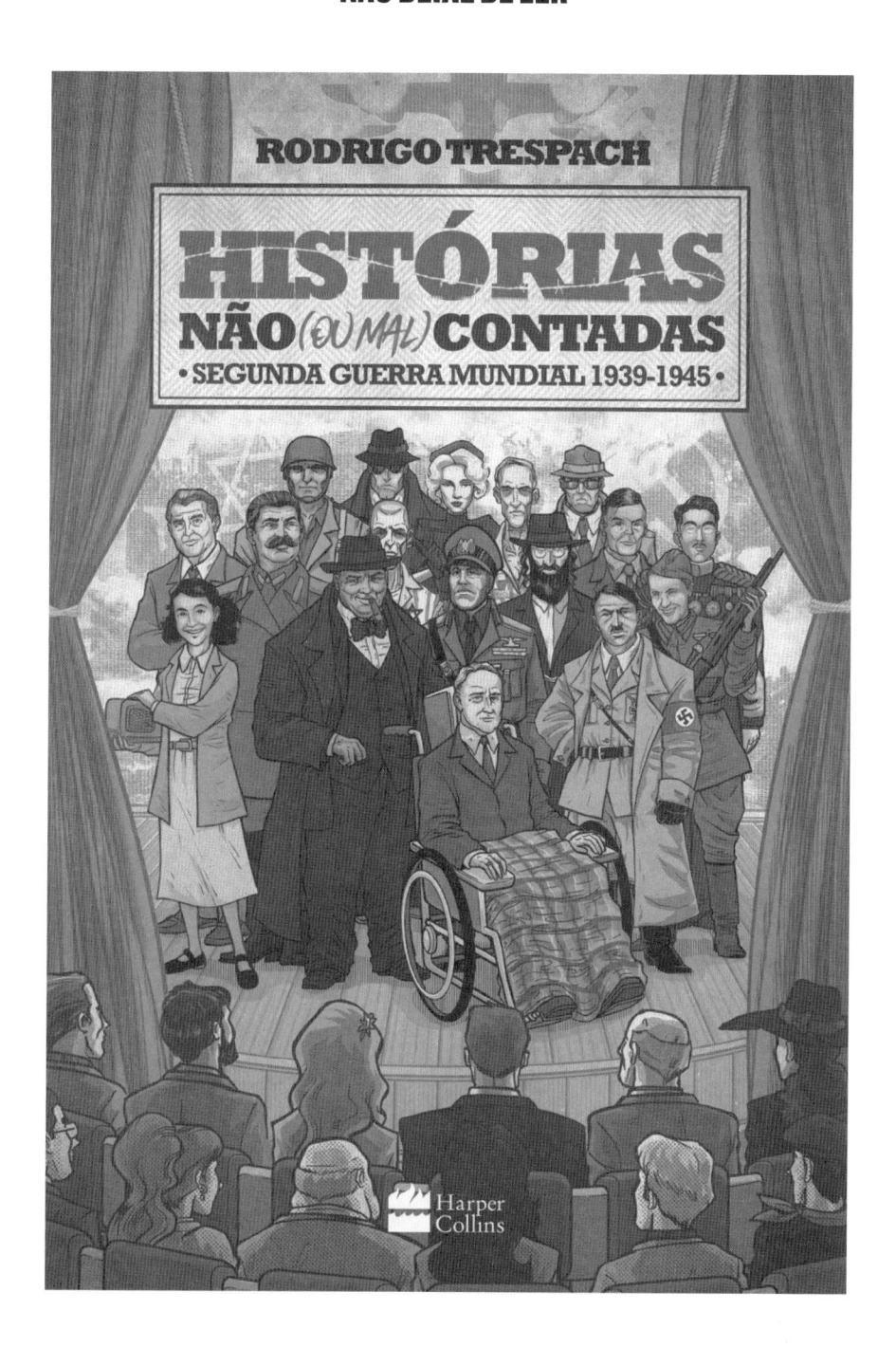

RODRIGO TRESPACH

HISTÓRIAS NÃO (OU MAL) CONTADAS
• SEGUNDA GUERRA MUNDIAL 1939-1945 •

Harper Collins

RODRIGO TRESPACH

HISTÓRIAS NÃO (OU MAL) CONTADAS

• REVOLTAS, GOLPES E REVOLUÇÕES NO BRASIL •

HarperCollins

*Este livro foi composto em Leitura Two
e impresso pela Exklusiva sobre papel Chambril Avena 80g/m²
para a HarperCollins Brasil em 2018.*